# 團體迷思

群眾的盲目、自欺與暴力
是如何形成的？

U0015555

# Groupthink

## A Study in Self Delusion

Christopher Booker
克里斯多福·布克——著
高忠義——譯

已經越來越明顯了，人類最大的危險不是饑荒、不是微生物、不是癌症，而是自己。因為人無力對抗精神性的傳染病，那絕對比最可怕的自然災害更具毀滅性。

——卡爾・榮格（C. G. Jung）

《尋求靈魂的現代人》（*Modern Man in Search of a Soul*）

# 目錄 CONTENTS

# 序言

只有對群眾心理有洞見，才會明白：人類無法抱持而只能被灌輸某些看法。

古斯塔夫．勒龐（Gustave Le Bon）《烏合之眾》（*The Crowd*）

我在二〇一九年年初開始寫這本書時，大概很多人都認同，我們周遭的世界就許多方面來說有點奇怪，而且讓人快樂不起來。舉目所及，總是很難看到哪個國家、社會或區域沒被十年前還很難想像的各種拉扯、壓力與分化所摧殘。

舉例來說，在我們這時代所熟悉的狀況中，有一些共同特徵是：

一、伊斯蘭恐怖主義驚人地崛起，它帶來的陰影幾乎蔓延到每個區域，到處都有狂熱的追隨者執迷於他們所主張的正義，認為自己有正當理由殺害那些不認同他們理念的人，甚至是殺害自己人。

二、「身分認同政治」（identity politics）的興起及特定的社會與心理壓力，迫使人們遵從被視為「政治正確」的各種觀點，並對那些理念不同的人或事極度不寬容。

三、「社群媒體」（social media）無所不在的影響力，也經常以對他人及其觀點極度不寬容為特徵。

四、相信地球面臨的最大威脅是人類造成的全球暖化，只有停止仰賴被認為是當代文明建構基礎的化石燃料，才能解救地球。同樣的，此信念也是以對「不認同此信念或看似要挑戰此信念的事實證據」的極度不寬容為特徵。

五、許多政府、政治菁英與他們統治的人民之間的明顯疏離，引發了被其輕蔑或忽視的民粹運動。

六、在川普總統任內，美國政治前所未有的分裂狀況，同樣也是因為任一陣營都無法寬容異己所造成的。

七、英國在脫歐公投後的分裂又混亂的政治，也是因為各黨派無法理解或容忍與自己意見不同者所造成。

八、歐盟自己內部產生的某些拉扯，就是來自於過去超過七十年來推動其發展的信念，也即：歐洲的未來繫於整合各國，以形成前所未見的獨特類型之政府。

我們還可以把更多其他案例加進這個清單裡，從「動物權利運動者」的不寬容，到大多數西方主流媒體（大部分時候是由英國的英國廣播公司〔BBC〕帶頭）呈現出的奇特且未被質疑的偏見，都能加入清單。

本書的目的是提供一把原本被弄丟的鑰匙，讓讀者更能理解這個讓人越來越擔憂且讓人困惑的時代。我們會引用耶魯大學（Yale University）心理學教授艾爾芬．詹尼斯（Irving Janis）四十多年前的一本書裡所提出的卓越理論，來檢視前述我提到的和更多的事例。

詹尼斯的研究領域是群眾心理學，尤其是群眾被某種「團體心理」操控時會如何行動。其他人也曾寫過探討人類從眾行為的書，像蘇格蘭記者查爾斯．麥凱（Charles MacKay）在一八四一年寫的《異常流行幻象與群眾瘋狂》（*Extraordinary Popular Delusions and the Madness of Crowds*）。另一本立論更深刻的著作是法國人勒龐（Gustave Le Bon）於一八九五年寫的《烏合之眾》。但詹尼斯於一九七二年寫的《團體迷思的受害者》（*The Victims of Groupthink*），與前述兩部作品不同的特點在於，作為嚴謹的科學研究，它第一次明確呈現出人類這種群體行為是如何根據某些特定而可辨識的原則在運作。

一群人執著於某種看似對他們極為重要的信念或世界觀，他們相信，他們的見解是正確的，而且不證自明，所以任何明智的人都不可能不贊同。而最能顯露這群人偏執態度之處，就是他們對跟他們不同信念的人所抱持的輕蔑的敵意。

當我第一次讀詹尼斯的著作時，我最初的想法之一就是它能恰當地解釋並清楚凸顯我在自己大部分的職業生涯中所寫的議題。我發現自己一直在分析的是群體如何被一些強大、並非基於現實且具有欺騙性質的理念所拐走。那些理念總是以某種方式植根於團體的自欺欺人之中。而且在任何情況下，他們對不認同理念的人總是表現出否定與不寬容。

最能覺察到團體迷思的運作，就是當我們遇到某些人對某個具爭議性的議題抱持武斷意見的時候，一旦他們受到質疑，就會發現他們其實並非真的深思熟慮過。他們並未認真檢視相關的事實或證據，而只是基於信賴而接受別人所給的現成意見或信念。他們的意見完全不是基於真正理解到自己為何相信，這讓他們更執著地認為自己是正確的，而且對持不同意見者更加不寬容。

這些人，就是詹尼斯所說的「團體迷思」的受害者。今天，我們身邊這樣的人比以前多更多了。我們可以在社交場合上遇到他們，在媒體上不斷聽到他們說話、知道有關他們的事，我們看到我們的政治人物隨時都在說著團體迷思的陳腔濫調。他們正經受的心理病態狀況，擁有極為強大的傳染性，而且越來越具有危險性。

本書是關於學習認識那些偽裝之下的團體迷思的本質與力量。但在檢視各種案例之前，首先我們需要更詳細說明詹尼斯的分析所告訴我們的，有關團體迷思在運作上的一些模式。

導論

# 團體迷思的運作模式

我用「團體迷思」這個詞作為某種思考模式的簡稱。當人們深刻地投入具凝聚性的群內（in-group）情感，團體成員對團體一致化的高度渴求，凌駕於對不同行動方案進行務實評估的動機時，便會採用這樣的思考模式。

在喬治・歐威爾（George Orwell）那本驚世小說《一九八四》中出現了一些「新語言（Newspeak）」詞彙，其中包括像「雙重思想（doublethink）」與「思想犯罪（crimethink）」這樣的詞。「團體迷思」也與之類似。當我把團體迷思與歐威爾式的新詞並列一起看，我才明白團體迷思具有歐威爾思想的意涵。這詞可能引起人們的不快是刻意為之的：團體迷思是指心智能力、檢驗現實的能力與道德判斷的退化。

詹尼斯《團體迷思的受害者》

當然，我們有時會聽到人們將團體迷思這個詞掛在嘴邊，通常是用來駁斥那些他們不贊同其意見的人。然而，詹尼斯是有意向歐威爾借用這個詞，並且他是第一個揭示此概念具有一致性的運作方式的人，這是他的著作因對科學有所貢獻而被肯定的原因。儘管如此，他的著作在一九七二年出版後（後於一九八二年修訂，書名簡化成《團體迷思》〔Groupthink〕）並未獲得應有的關注，很明顯的，是因為詹尼斯當時的理論只有特定且數量有限的案例為基礎。

詹尼斯尤其對一九四〇年代到一九六〇年代美國的幾項臭名昭著的外交策略特別關注，包括美國於一九四一年未留意的有關日本即將偷襲珍珠港（Pearl Harbor）的警戒情報、麥克阿瑟將軍（General MacArthur）於一九五〇年進軍北韓的重大決定、甘迺迪總統（President Kennedy）於一九六一年支持中央情報局入侵古巴豬玀灣（Bay of Pigs）的行動，以及詹森總統（President Johnson）在一九六五年提高對越南的戰爭層級的決定。在之後的版本詹尼斯又加進了尼克森總統（President Nixon）與他最親近的顧問群在水門案醜聞（Watergate scandal）中的行徑。

詹尼斯透過每一次審慎的個案研究，呈現出這些失敗案例都是出於相同的原因，也即背後都是由團體迷思所驅使，但也因此未能恰當地考量到當事者所面對的真實狀況。雖然詹尼斯在他著作中多次列出「團體迷思的症狀」，我們還是可以歸納出團體迷思運作時的三個模式，這三個模式與我們在本書裡將要檢視的其他案例密切相關。

## 團體迷思運作的三個模式

一、一群人有共同的觀點、意見或信念，但就某方面而言，這些觀點、意見或信念並非基於客觀現實。這群人可能因為智性、道德、政治或甚至科學的理由而相信那是正確的，他們可能因為自己有的各種證據而確信是那樣沒錯。但他們所相信的事，最終仍無法被驗證是毫無可疑的，因為那些事是以他們想像或希望的世界樣貌為基礎。從根本上來說，在他們團體的觀點中，總是帶有一廂情願或自欺欺人的性質。

二、正因他們共同的觀點基本上是主觀的，因此他們需要非常努力堅持那些觀點是不證自明的正確，讓所有心智正常的人都能「有共識地」肯定它。他們的信念讓他們成為「群內」，並認為所有與信念相反的證據與不贊同他們信念者的看法，都可以無視。

三、為了強化自己是屬於正確那方的「群內」信念，他們需要將任何質疑的觀點視為是不可接受的。他們無法與任何不贊同的人進行嚴肅的對話或辯論。那些圈外人必須被邊緣化和忽視，必要時甚至須無情嘲諷他們的觀點，使他們看起來可笑。如果這還不夠，就必須用最猛烈的詆毀之語加以攻擊，通常還會借助某些輕蔑的負面標籤，以及某種形式的道德上的攻擊。任何類型的團體迷思最重要的特徵，就是絕不容忍異己。

詹尼斯說明了以上這些模式在他研究的每個例子中是如何一貫且致命地發揮作用，也即那些深陷在「共識」中的人，是如何執意地排除提出證據質疑他們觀點的人。那些人會被他們極力排除在討論之外。而在每個案例中，這種拒絕考慮任何違反「共識」的證據或論點的做法，最終往往導致災難。

但詹尼斯接著用兩個有關美國外交政策提案做為對比，那兩個案例呈現出完全相反的情況。兩個案例分別是關於一九四〇年代晚期的馬歇爾計畫（Marshall Plan），以及一九六二年可能導致世界大戰的古巴飛彈危機之終結。詹尼斯展示出這兩個案例如何被跟團體迷思恰好相反的群體思維所驅動著。在每個案例中，主事者都盡全力調查各種專家的意見，確保所有的相關證據都具備，因為他們希望釐清提案時的各種可能後果。在兩個案例中，最後政策的結果都非常成功。

只要我們能理解前述的三個團體迷思運作的模式，我們將會發現，這些模式的適用範圍其實遠比詹尼斯所聚焦的案例多得多。團體迷思的運作模式是我們所能看到的人類團體行為中，最有意義的規則。現在我們應該能更清楚理解各種面向的團體迷思了，更不用說那些在人類歷史事件中已一再出現的案例。

## 歷史、政治事件及小說裡的團體迷思

在詹尼斯所說的團體迷思運作模式中，有個很明顯的案例在一些極有組織的宗教裡屢見不鮮。這些宗教本質上是一種信念體系，一旦確立地位之後，對於那些不接受該宗教的人經常極度不寬容。那些圈外人會被貼上「異端」、「異教徒」等標籤。為保護已建立的正統，那些人必須被邊緣化、被趕出社會、被迫害、被懲罰，甚至在無數的事例中被處死。世上沒有哪個大宗教能免於這樣的傾向，即使那樣的行為看似悖離他們的核心信念。無論是基督教、猶太教、印度教還是佛教，都在不同的時間點顯示出這種傾向，這些宗教不同的支派也是如此。

然而，經過這麼多世紀之後，沒有哪個宗教比伊斯蘭教更加一貫地傾向於這種團體迷思。當然，在我們現今的世界中也沒有比伊斯蘭國（Isis）或蓋達組織

（al-Qaeda）那類的伊斯蘭恐怖主義運動更加極端的例子了，他們的團體迷思相當極端，以致於使他們往往成為無情的殺手，不只準備隨機殺害他們視為「異教徒」的任何人（主要是其他的穆斯林），甚至為了宣揚他們的訴求而願意自殺。

另一個也非常明顯的案例則是像共產主義或納粹主義這樣的極權主義政治意識形態，他們同樣也顯現出對「顛覆分子」、「異議者」或任何未完全服從「黨的路線」（蘇聯稱為「正確思考」）的人極為不寬容。這些圈外人必須被趕出社會、被監禁、放逐到集中營或殺害。

就算是沒那麼極端的情況下，在分歧的政治領域中，因為它本質的緣故，或多或少都會有團體迷思的傾向。每個政治小團體對於當前的議題都有他們選擇性的偏好，也有嘲弄並諷刺對手觀點的傾向。如果某個政治團體在政治光譜上更趨向「極左派」或「極右派」時，這種傾向就更為嚴重。

但政治圈也有許多例子更像詹尼斯所分析的那些個案，一小群資歷甚深的政治人物，執著於某些注定會失敗的政策或專案，因為基礎假設上就脫離了現實。有個顯著的案例如果詹尼斯知道就必定會加進他的個案研究裡，那就是小布希（George W. Bush）與東尼·布萊爾（Tony Blair）在二〇〇三年入侵伊拉克時那種傲慢偏執的態度。他們如此執著於顛覆薩達姆·海珊（Saddam Hussein），卻從未務實地想像達成目標後會有什麼後果。他們魯莽地無視任何質疑其策略的意見，而且未能妥善規劃當整個國家的行政基礎設施被摧毀後會發生的情況，他們害伊拉克陷入多年血腥的宗派主義混亂之中。

在政治領域之外，只要我們知道團體迷思的規則，我們也能辨識出各時代的其他許多案例。例如在科學史上，應該沒有多少事件比伽利略（Galileo）質疑教會認為「地球是宇宙的中心，太陽是繞著地球轉的」此觀點所得到的對待更有名的了。

當時，歐洲有個極端怪異的團體迷思例子，也即「獵巫」。獵巫是一群人基於某種歇斯底里的信念，認為有數以萬計的女人與一些男人應該被燒死或淹死，理由是他們被魔鬼附身。就如休・特雷費－羅珀（Hugh Trevor-Roper）對這個持續超過兩百年的異常現象的論述中所揭示的，對於這種「道德恐慌」最熱切的鼓動者，有一部分甚至是當代重要的知識分子。

有個年代比較近的案例，在當時也常被稱為「獵巫」的事件，是一九五〇年代初期參議員約瑟・麥卡錫（Joseph McCarthy）與其參議院非美活動調查委員會（Un-American Activities Committee）貶抑任何可能是「共產主義者」的人為叛國者。美國當時的確有許多真正的叛國者，他們準備提供國家機密給蘇聯。但麥卡錫一再利用這點作為煽動的方式，大肆宣傳不符事實的說法，就這樣輕易操縱美國的政治，不過由於他很明顯是在自欺起人，以致最終害自己垮台。

此外在小說領域，二十世紀有兩部著名的作品——歐威爾的《一九八四》及阿道斯．赫胥黎（Aldous Huxley）的《美麗新世界》（*Brave New World*），都以某種想像的未來極權主義國家為核心，這種國家試圖對所有公民洗腦，使他們陷入某種僵化與不寬容之中，符合團體迷思的所有運作規則。詹尼斯使用「團體迷思」這個詞，就是從歐威爾毫無掩飾地描述史達林掌控下的蘇聯人生活而改編過來的，在那裡，「群體心理」的感受透過「老大哥」而人格化，藉由一再重覆的口號，以及舉辦針對以任何方式對黨之路線表示異議者的「仇恨大會」而大肆強化之。

但在所有小說作品中，最完美而簡潔呈現團體迷思的寓言，是漢斯．克里斯汀．安徒生（Hans Christian Andersen）的「國王的新衣」。當國王穿著人們跟他說的那件他想像出來的絢麗新衣在街上漫步時，所有愛拍馬屁的臣民都宣稱那的確是件無與倫比的美麗衣服。故事裡只有一位小英雄指出，國王其實沒有穿任何的衣服，說他是赤身裸體的，他之所以有穿衣服的念頭只是一種幻想。按照詹尼斯所說的第三個模式，很自然地，那些陷入自欺欺人的「共識」者，群起攻擊那位小男孩說謊。

在我們接著看詹尼斯的規則如何適用於當代的案例之前，必須先補充某個非常重要的因素，說明此因素在團體迷思中是如何發揮作用的。詹尼斯並未提到這點，因為那與他的研究案例無關。

## 二手思維的力量

周遭那些被肯定、重覆與散布的觀念，被賦予了極強的力量，因為它們隨著時間而獲得所謂「聲譽」這種神祕之力。

無論統治這世界的力量為何，不管是觀念還是人，主要都是由我們稱之為「聲譽」的不可抗拒之力所帶來的權威而強化的。

勒龐《烏合之眾》

詹尼斯書裡所談的，嚴格來說只包含少數高層人士的團體迷思如何影響或主導美國政策。但本書所提及的團體迷思的運作規則，適用於無數的其他人，那些人即是勒龐所說的「烏合之眾」。這些人當中，絕大多數都沉迷在團體迷思之中，因為他們很方便就能從成員那裡獲得某種思考模式。他們將聽到或讀到的當作是真實的，並且未曾嚴肅地加以質疑，這表示他們並不真的知道為什麼自己要那樣想。

當然，我們都能接受自己相信的或認為我們已經知道的事，而不會花時間去確認我們第一次知道此事時，其來源的可靠性。例如，地球與太陽相隔九千三百萬英哩，或者，東京是日本的首都。我們相信這些事情是真的，因為其他人也都這麼相信。而且如果必要，那些事可用實際的證據加以確認。但若是談到團體迷思的大部分案例，有另一個要素也發揮著作用。雖然在許多情況下，團體背後的信念體系只來自於成員中的一小群人，但那信念要能廣為傳播，則須仰賴發起此一信念體系的權威。

在詹尼斯尚未提出他的團體迷思理論之前，勒龐就已經討論過類似的觀念了，只是採取科學化程度比較低的方法。他最有洞見的觀察之一是發現：在改變一群人意見的過程之中，「聲譽」所扮演的關鍵角色。成員對那些帶頭推動的人特別尊重。我們應該觀察此規則在許多不同議題與行動中是如何運作的，以及在每個案例中「二手思維」的力量，還有那些被賦予某種「聲譽」的人所扮演的關鍵地位。

我們應該看看各式各樣的案例，包括建築領域中的「現代主義運動」（Modern Movement）在一九六〇年代對英國城市如何造成強烈的社會與美學上的破壞；一九九〇年代爆出許多後來證明是沒根據但卻造成恐慌的健康資訊；以及之後的「全球暖化」理念如何被偽科學操縱成世界最龐大也最昂貴的集體恐慌。我們也應該看看，歐盟的創立為何最終是由團體迷思的自欺欺人所導致的後果。我們甚至也該探討，詹尼思的團體迷思運作規則如何適用於最為根本的科學問題：地球上的生命是如何演化的。

但我認為本書最合適的開頭，是先說明在我們這個時代，團體迷思具有強大感染力且遍布四處的案例，也就是：近幾十年來興起強大的社會與政治壓力，要求人們遵從那個集合了所有僵化思維為一的「政治正確」，尤其是牽涉到最敏感的議題「性別」與「種族」的時候。雖然這是本書篇幅最長的個案研究，但在開頭討論它的理由，是因為它能為後面的個案建立必要的論述背景，無論是歷史的還是心理的。

第一部

# 政治正確與團體迷思

# 第一章

# 政治正確的起源

# 為寬容而戰，如何導致新的不寬容？

為什麼最近我們如此憎恨並厭惡彼此？

彼得・希欽斯（Peter Hitchens）

《星期日郵報》（*Mail on Sunday*），二〇一七年[1]

在今天的英國，似乎有個不請自來的檢查大隊，成員包括網路酸民到憤怒的學生、遊說團體、市府官員、怯懦的政客、律師及建制派，還有許多其他道貌岸然且令人討厭的大忙人們，攬下了警察工作，告訴我們思考與說話時，我們可以怎樣、不可以怎樣。

安德魯・諾曼・威爾遜（A. N. Wilson）

《每日郵報》（*Daily Mail*），二〇一七年九月三十日

如果每個人都聽從別人的判斷，那就沒人會自己思考了。而某些流行的課程

1 希欽斯〈單車騎士、汽車駕駛與慢跑的人都需要煞車……煞住他們的自大〉（Cyclists, drivers and joggers need brakes… on their egos），《星期日郵報》，二〇一七年八月二十七日。

> 最不幸的就是，它訓練學員從眾思考而非批判思考。這類新的課程規畫，可以說是同溫層效應的產物，史丹佛大學裡每位教師、學生都一樣，複述著彼此的主張，直到多數人都主張並相信同樣的事為止。這種一致性，在心理上可能有極大的力量，但未必能得到真相，也未必適用於溝通重要的事。
>
> 大衛・薩克斯（David Sacks）、彼得・泰爾（Peter Thiel）
> 《多樣性神話》（*The Diversity Myth*），一九九五年[2]

以開頭一整章的篇幅來討論「政治正確」看似奇怪，但只要是有一定年紀的人，回憶起如今這個政治正確時代來臨前的情況，就會明白，這是我們這輩子發生過最奇怪的事了。事實上，這幾十年來政治正確的演進是研究團體迷思的最佳案例，其背後的心理狀態與我們應該一併檢視的其他案例密切相關。本章先以二〇一七年秋天我正寫作這本書時的一些新聞報導事件為序曲，它們可以說一路帶著我們進入這個奇特又超現實的政治正確世界。

二〇一七年十月，據報導，在拉夫堡（Loughborough）的萊斯特郡

2 薩克斯與泰爾（一九九五／一九九八）《多樣性神話：校園的多元文化主義與政治不寬容》（*The Diversity Myth: Multi-culturalism and Political Intolerance on Campus*），Oakland，CA: The Independent Institute.

（Leicestershire）小城，地方議會收到了某位匿名民眾的檢舉之後，警告某個商人不能在自己的攤子上繼續販賣某件「冒犯性」的商品。那商品是陶製的馬克杯，上面有十二世紀僧侶聖殿騎士團（the Knights Templar）的圖像，其描繪的主人翁，在十字軍東征（the Crusades）時代前往聖地（Holy Land）保護基督教朝聖者在前往耶路撒冷（Jerusalem）的路上不被阿拉伯人（Saracens）殺害。由於這些僧侶殺害了穆斯林，檢舉人聲稱，任何穆斯林走過那商人的攤子可能會覺得被冒犯。那攤商認為這個警告相當荒唐因此無視它，結果議會竟撤銷了商人在城裡各處做生意的許可證。[3]

在牛津（Oxford），貝利奧爾學院（Balliol College）有個學生委員會，曾經禁止大學的基督徒團契（Christian Union）在年度的「新鮮人園遊會」上擺攤招募會員，理由是基督教「在許多地方被當作恐同的藉口，以及某些類型的新殖民主義論據」，因此他們的存在很可能「對處於弱勢甚至邊緣化的群體，造成進一步的損害」。[4]

3 理察德．利特約（Richard Littlejohn）〈十字軍讓我們都變得愚蠢〉（Right-on crusade that makes mugs of us all），《每日郵報》，二〇一七年十月十三日。

4 〈牛津禁止『有害的』基督徒團契參加新鮮人的園遊會〉（‘Oxford bans “harmful” Christian Union from freshers’ fair,’），《每日電訊報》（*Daily Telegraph*），二〇一七年十月十日。幸好，在新聞報導此事件後，全院學生會投票譴責了委員會的決定，因其違反了言論自由與宗教自由。未來，基督徒團契仍可在園遊會上繼續擺攤。

在卡地夫（Cardiff），官方數據一度顯示全國犯罪案件所占的比例呈現迅速上升的趨勢，而在前五年，警方逮捕的件數則減為一半，警官們被命令在街上走路時要穿上女性的高跟鞋，藉此讓自己意識到「男性在家庭中時常對女性施暴」。在沃里克郡（Warwickshire），警方的助理人員在社區活動中心舉辦「茶餅會」以推廣「全國仇恨犯罪意識週」，並在推特（Twitter）上貼出附有「#要餅乾不要恨（#cakenothate）」此關鍵字標籤的文章。[5]

同一週，在布里斯托（Bristol），警官將自己的指甲塗成藍色以凸顯「美甲店的奴工」問題。當此活動引來人們在推特上酸言酸語，例如說「那給犯人塗指甲油怎麼樣？」，雅芳暨薩默塞特警察局（Avon and Somerset Police）則發布聲明宣稱「如果有人認為這些評論具有冒犯性，請向推特檢舉。如果你覺得自己是仇恨犯罪的被害者，請向我們舉報。我們將會嚴肅處理這個議題」。

在貝爾法斯特（Belfast）某一間有歌舞表演的酒店裡，兩個男同性戀演了一齣假婚禮，主持人是一位變裝皇后，他們憤怒地抗議：北愛爾蘭是英國唯一同性婚姻仍不合法的地區，從而剝奪了他們能彼此互稱「丈夫」的「人性尊嚴」的權

5 〈用高跟鞋「突顯家庭暴力」〉（High heels to highlight domestic violence），《每日郵報》，二〇一七年十月二十一日。

利。[6]幾週之後，英格蘭教會（Church of England）向它轄下四七〇〇所小學校發出指示，要求告訴五歲以上的小男孩他們可以穿高跟鞋、戴頭飾、穿芭蕾舞裙，以及不強迫女孩子一定要穿裙子，並避免冒犯可能想變性的「跨性別」孩子。新原則的目的，就是要挑戰「恐同、雙性戀恐懼症及跨性別恐懼症者的霸凌現象」。同一天，據報牛津郡（Oxfordshire）有位二十七歲的基督徒教師，因為對兩個年輕的學生說「做得好，女孩們」而可能丟掉飯碗，理由是其中一個學生是男孩，但他希望被當作女孩。[7]

雖然以上這些案件都非常罕見，但有兩件事在不久前上了報紙頭版，較具有重要性：

第一個案件是在八月（編按：二〇一七年），柴萍恩（Sarah Champion）被趕出工黨的國會前排座位，她本是該黨負責「女性與平權」議題的首席發言人。在工黨下議院議員同僚眼中，柴萍恩所做的冒犯行為是在一份全國性的報紙上寫了一

6 〈「我的愛不是次級品」北愛爾蘭爭取婚姻平權〉（My love isn't second-class: the struggle for marriage equality in Northern Ireland），《衛報》（*Guardian*），二〇一七年十月十九日。

7 〈教會：讓小男孩戴上頭飾〉（Church: let little boys wear tiaras）及〈偶然把跨性別男孩喊成女孩的教師面臨解職〉（Facing the sack, teacher who accidentally called transgender boy a girl），都登在二〇一七年十一月十二日的《每日郵報》。

篇文章，標題是「巴基斯坦男人強姦並蹂躪年輕白人女孩是英國真正的問題」（Britain has a real problem with Pakistani men raping and exploiting young white girls）。[8]

事實上，柴萍恩比其他下議院議員更有資格就此議題發言，因為早在以下英國近代最令人難受的醜聞出現之前，她就已經在羅瑟勒姆（Rotherham）選區任職三年了。經揭露，城裡大約有一四〇〇個女孩，其中許多是由國家照顧、未達可自主發生性行為年紀的孩子，長期以來被黑社會幫派的男性一再有計畫地下藥、強姦，並受到各種足以構成刑事罪責的虐待，那些男性主要來自被巴基斯坦控制的喀什米爾較為原始的部落地區。

更糟的是，雖然當地警察、議員與社工人員十多年前就已經很清楚有這樣的事，但他們並未採取任何行動。他們共謀地忽視這件事，並加以掩飾，因為他們認為此議題明顯涉及到過於敏感的「種族」議題，所以不能碰。

身為新任的下議院議員，柴萍恩在這可怕故事的一開始就極力揭露。類似的醜聞主要都涉及到巴基斯坦的男性，並在英國從羅奇代爾（Rochdale）到牛津的

8　《太陽報》，二〇一七年八月十日。

各城鎮被廣泛舉報。但同樣的，在每個案件中，地方政府都視而不見、毫無作為。

因此柴萍恩惠認為英國有「真正的問題」是非常正確的。但她的下議院議員同僚因極度憤怒而將她趕走，因為她正確地辨識出應該為那些犯罪負責的是「巴基斯坦人」，她做了一件「冒犯」的事。然而，那也恰恰顯示出政府人員集體想假裝此問題不存在，因而讓此類可怕的犯罪行為不斷發生。

另一個更嚴重、嚴重到被全球廣泛報導的案件是，網際網路巨人 Google 位於加州總部的一位資深軟體工程師被炒魷魚。工程師詹姆士・戴摩（James Damore）的「犯行」是給幾位同事發了一封三五〇〇字、頗有見地的電子郵件，說明公司即使有所謂的「多元」政策，仍未能增加女性員工，特別是高階職位與系統工程領域。[9]

戴摩在電子郵件裡推測，Google 難以達成其「性別多元」目標或許可以這樣解釋，即在生物學與心理學上，男人與女人在某些方面擁有不同的傾向。他引述學術證據解釋，男人比大多數女人更關注「地位」而有強烈的競爭意識，其擁有強烈動機追求高階、高壓的領導職位。一項心理統計學的研究顯示，女性比起男

---

9　戴摩〈Google 的意識形態迴音室〉（Google's ideological echo chamber），二〇一七年七月。

性，較不被電腦編碼與電子系統等工作的特性吸引。

他也推測，這類研究顯示出許多女性天生比男人更有「同理心」，並傾向與他人合作，而非積極地與他人競爭。她們也傾向於更有創造力、更常在家從事「藝術與社會領域的工作」，而非錯縱複雜的軟體編碼。

戴摩焦急地強調，他並非是要說男人和女人的傾向是截然二分的，男人與女人之間仍有重要的「重疊區域」。他只是認為，以上證據顯示出，在權衡男、女性的動機與態度之後，兩性的狀況會是怎樣，藉此說明為什麼 Google 未能達成它「性別多元」的目標。

但後來他被開除了，之後他的電子郵件被公開且引發了騷動。無論是公司內部還是外界，都有人對他所寫的信件表示贊同。但也有許多人認為，他推測男、女性在任何方面都有心理上的不同是相當荒謬的事，理應被開除。印度出生的 Google 執行長桑德爾・皮查伊（Sundar Pichai）就是抱持這樣的看法。他在一項聲明中解釋他為何必須開除戴摩，因為他「在我們的工作場所提倡有害的性別偏見」，違反了公司的「基本價值」。「他推測我們的同事中，有一群人的特質讓他們在生理上更不適那份工作，」他寫道：「這是一種冒犯。」

以上這兩個案件有一個共通點，即它們指出這個社會已經劃分出截然不同的兩群人，且兩群人似乎各自有完全不同且無法調和的世界觀。其中一群人對於人們該怎麼說、怎麼想或怎麼做，共享著高度的共識。他們似乎急切地監控任何已造成或可能造成冒犯的人或事。他們也一貫堅決反對我們熟悉的老生常談。而另一群人，一開始則是大感驚訝，接著疑惑為何會有人這麼偏執，且毫無幽默感地那麼不寬容。但在人類歷史上，社會已經不是第一次有這樣的分裂現象了。

## 新型態的清教主義

在英國或美國歷史上，就晚近的幾個世紀來說，很少有比清教徒名聲更差的了，這群結合了宗教與政治意識形態運動的團體成員，在十七世紀上半葉的英國與美國社會扮演極有影響力的角色。一般我們對於清教徒會聯想到的是特定類型的僵化、不寬容的心態、強烈的自以為是，以及堅決追查並懲罰任何不遵守他們信仰與道德規範的人。

直到近幾年之前，我們本以為這類型的人似乎不可能再出現在我們這個時代了。但就在近幾年，在一股橫掃西方世界的「政治正確」浪潮下，我們看到與十七世紀清教徒狂熱的偏狹心態極為相似的一群人，同樣有著群體的道德優越感，以及同樣急於將未能遵守他們信仰規章的人或事認定為冒犯。這種狀況可以說是老蘇聯所推動的那種「正確思考」的當代版。[10]

如今，被政治正確或所謂「黨的路線」控管的議題清單越來越長了。就像許多人經常看到的，我們的新清教徒喜歡替那些可能受到壓迫、偏見、歧視或不當待遇的被害者團體發洩他們的怒氣。這些團體包含各式各樣有關「被害者」的基本命題：男性壓迫女性、成年人壓迫孩童、異性戀者壓迫性少數群體、「種族主義者」白人壓迫少數族裔、基督徒壓迫穆斯林、身心健全者壓迫身心障礙者，甚至人類壓迫動物。不管是哪種狀況，都結合了對被害者美德式的同情與對殘忍、帶有偏見的壓迫者的憤怒，使這些新清教徒獲得相當強大的道德力量。

在這種新意識形態所關注的各種訴求中，最能引發自以為是的不寬容心態的，是兩種最根本的社會區分：性別與種族。在此，我們可以追溯這種新的不寬

10 我在我另一本關於說故事的心理學著作《七大基本情節：我們為什麼說故事》（*The Seven Basic Plots: why we tell stories*, Continuum, 2004）中，第一次描述政治正確與清教主義在心理上的類似性。我描述了男人的「女性化」與女性的「男性化」已成為在「政治正確」之名下，橫掃西方世界的新意識形態正統之核心特徵，我稱之為「新的世俗清教主義」，並討論到「曾經與更清教徒式的宗教，以及更極端的社會主義相關聯的不寬容，如今是如何再次出現並提倡女性、同性戀、少數種族、殘障人士與任何可被描繪成『低層』而被歧視的任何人群之『權利』」。

容，是如何逐步從社會態度的典範轉移過程中演化出各個階段。該典範轉移發生在暴衝的一九六〇年代，最終成為「自由的十年」那段時期理想主義者心中的夢想。

## 第一階段：在一切開始之前──一九五〇年代初期

琴弦繃斷，聽吧！刺耳的噪音隨之而來！

威廉．莎士比亞（William Shakespeare）

《特洛勒斯與克瑞西達》（*Troilus and Cressida*）

第二幕第三場

對今天七十歲以下的人來說，要想像一九五〇年代初期的世界與現在有多麼不同，非常困難。自古以來，沒有人會質疑男人與女人在許多方面有著生理與心理上的極大差異。英國與美國在那些日子裡，就如同人類歷史上大部分的社會那樣，認定多數的人在長大後，會希望與異性成雙成對、共結連理、養兒育女並共度餘生。而且對於任何類型的婚外性行為，都有強烈的社會抑制機制（但很多婚外性行為還是發生在檯面下）。離婚，是不被社會認同的，而且當時極為少見。單親家庭幾乎沒有（除非父親或母親過世，例如男性在戰爭中死亡）。「未婚生子」者仍是一種汙名，被視為「非正當」的行為。同性戀則被視為悖於自然，且男性之間的性行為還有刑事罪責，可處以監禁。女人墮胎在當時也屬於犯罪行為。此外，當丈夫進入主要由男人經營並支配的職場——從工廠、辦公室、牧場、礦場到專業領域、警局、軍隊及政治界——他們常被描述為「一家之主」、「掙錢養家的人」。

雖然許多女人在婚前會工作，但一旦成為母親，大部分女人就習慣在家當「家庭主婦」，負責看顧孩子並操持家務（許多母親甚至祖母，在各時代都會發揮她們強大的母性權威）。而男人保護女人這種「較溫和」或「較柔弱」的性別並給予其特別的尊重，是受到社會普遍認同的。男人如果想在性方面對女人硬來，是不被社會接受的越軌行徑。

隨著在一九五〇年代初期自二戰的陰影與戰後緊縮政策中緩慢復甦，不管在道德還是社會上，英國仍是一個穩重、保守的國家。每個人都宣稱知道自己在社會階層中的「定位」。人們必須對某個人非常熟悉才能不正式地稱呼那人的「教名」（編按：受洗時取的名字），姓氏仍是稱呼成年人的慣常方式，如「史密斯先生」、「瓊斯太太」、「布朗小姐」等。紀律、傳統與良好儀態的價值，還有責任感、對權威人士的尊重等，仍是當時英國社會結構的核心成分，例如年少者對警察、老師、父母與其他成年人皆相當尊重。家庭與學校也經常會有輕微的體罰制度。社會的犯罪率始終保持較低的水準。

但，如果談到「種族」議題，第一批從西印度群島（West Indies）抵達他們想像中的基督教英國的黑人移民，非常令人訝異地，經常須面臨殘酷的「膚色歧視」，不管是被稱為「有色人種」或「黑鬼」，甚至在旅店窗戶上也會看到牌子寫著「黑人勿進」。

這其實是歷史上無數社會對新移民的懷疑與偏見的另一種表現，在上述例子裡，只是因為他們的膚色而讓懷疑與偏見被放得更大。在美國，有更多且居住已久的黑人在許多南方的州，仍然被與白人嚴格分開，隱然有南非種族隔離制度的意味。在美國其他地方的大城市，情況也是如此，只是程度較輕而已。

但大約在一九五五年、一九五六年，出現了即將到來的文化與心理大地震的第一波震盪。跟隨美國的步伐，英國人開始體驗到全新的、前所未有的物質上的繁榮。越來越多英國人擁有了汽車與冰箱，或能夠出國度假。當時電視機這種令人震撼的新鮮事物，逐漸成英國人生活的主要特徵，尤其是一九五五年時，當一個新的電視頻道正播放美國風格的廣告的時候。

但在所有來自美國的舶來品中，一九五六年在英國出現了一種最令人震驚的新形態音樂。搖滾樂，那種催眠的節奏、艾維斯・普里斯萊（Elvis Presley）那種性感的聲音與視覺感受，是人們前所未聞的。這也成為自覺「反叛」的青少年文化之興起過程中，最重要的影響因子。新的音樂、穿著與舞風，以及美國的俚俗語如「嬉皮」、「時髦」、「酷」，甚至是毒品，開啟了令年輕人無窮驚異的全新夢幻世界。在心理上，這使他們結合成為一個圈子裡的人，明確顯示出團體迷思的特徵，即給任何不認同者貼上標籤。所有不懂他們的成年人，都會被斥為無趣、乏味的「頑固者」。

甚至超越美國的狀況，英國發生了前所未有、強烈而影響深遠的社會、道德與心理層面的雪崩式改變。在接下來的十年，一九五〇年代那安靜、保守的英國，轉變成在許多方面看來都已認不出來的不同國家了。

## 第二階段：「解放的」一九六〇年代

當音樂的情緒改變，城市的圍牆就搖晃。

一九六〇年代晚期流行的塗鴉主題

彷彿我就在那裡，羈留在城市的上空。而我以艾維斯及所有聖人之名發誓，在我青春的最後一年要真正地狂歡。是的，不論我變成什麼樣的人，青春夢想的這最後一年，我要尋歡獵奇。

柯林．麥金尼斯（Colin MacInnes）

《初生之犢》（*Absolute Beginners*），一九五九年

我有一個夢，我的四個小孩有一天會活在一個不以他們膚色，而是以他們品格來評價的國家。

馬丁．路德．金恩（Martin Luther King Jr.）

一九六三年八月二十八日於華盛頓特區

隨著西方世界進入前所未有、極其美好的繁榮，尤其在英國，原本老舊的道德習俗與社會標準已搖搖晃晃，到了一九五〇年代中期，更是整個被當作垃圾丟棄。在一九五〇年代末期，人們到處能聽到一個詞：「跟上潮流」。雖然沒人說

得清楚那「潮流」指的究竟是什麼，但每個人好像又隱約知道那是什麼。人們認為該跟上潮流，搭上這部帶社會快速進入令人振奮的全新未來的電梯。

此時人們大多帶有興奮的樂觀情緒，最能代表這種情緒的象徵，就是一九六〇年、當時四十三歲的極有魅力的約翰・甘迺迪（John F. Kennedy）當選美國有史以來最年輕的總統，他的當選如同揭開青年理想主義的新世紀。

同年，英國的保守黨首相哈羅德・麥克米倫（Harold Macmillan）也提出著名的言論，當時「變革之風」（wind of change）吹遍了非洲地區。他特別提到，英國雖仍屬世界性的帝國，但已開始加快自由化的速度，將其殖民地移交給當地的黑色與棕色人種的新領袖，也為人們對於實施種族隔離、主張白人統治的南非政權所感到的普遍嫌惡感背書。但他所指的可能不只是非洲的事，也包括當時發生的其他任何事。

改變的腳步非常急促，以致於到了一九六二年底，甚至先前保守的英國廣播公司（BBC），也在每週一次的深夜節目「過去一週」（That Was The Week That Was, TW3）（由年輕演員組成）因模仿並嘲諷「老英格蘭」及其提倡的價值，包括老化與麥克米倫，而吸引了大批觀眾。

一九六三年左右，麥克米倫的保守黨政府在深陷性醜聞、困惑與歇斯底里的狀態下分裂了，同時新的改革聲浪一年比一年大聲。當時「披頭四狂熱」（Beatlemania）正橫掃整個英國，來自利物浦（Liverpool）的四位低階中產階級的披頭四（Beatles）團員勢不可擋，唱著洗腦、歡快又帶有希望的情歌〈她愛你〉（She Loves You）、〈我想握住你的手〉（I Wanna Hold Your Hand），使他們跟甘迺迪總統一樣，在那十年成為年輕人新的「夢想英雄」。一九六四年到一九六五年左右，英國充滿了搖滾歌手、工人階層的演員、攝影師們鏡頭下的美麗模特兒，以及流行服飾設計師，[11]甚至美國也驚訝地看著這群新的「無階層」、「不敬的」流行文化，將原本戴著紳士帽的老頑固和穿著藍領工作服的倫敦，搖身一變為「全世界最時尚的城市」。

英國短短幾年走了那麼遠又那麼急，看起來彷彿經歷了一場不流血的革命。隨著一九五〇年代初期傳統的社會與道德價值淡出人們的記憶，若要形容那個取而代之的新社會，最好的詞莫過於「寬容的社會」，尤其跟性觀念解放及其相關事物密切相關。

雖由年輕人引領，但在整個社會迅速擴散的性濫交，日益變得為社會所接

---

11 他們開始獲得媒體上的大量曝光度，逐漸代表了我在《私家偵探》（*Private Eye*）中所稱的「新貴族」年代。

受，那是前所未見的現象。而且，不只是男人如此，許多女性和年輕女孩也是如此，這尤其要感謝一九六一年避孕藥丸的問世，使她們獲得新的「身體自主權」。[12]因此，年輕女性跟男性一樣，熱切加入「性革命」，這也反映在一九六五年急速興起的穿著性感、越來越短的「迷你裙」的新時尚。

在當時的解放風潮中，最明顯的就是在書籍、影視節目及舞台上「逼退」原本有關性影像呈現尺度的界線，以及使雜誌甚至報紙可公開呈現女性裸體。當時，被社會視為禁忌的「髒話」，被人們使用得越來越頻繁。而任何人如果敢質疑這些新的「寬容」現象，就會被嘲諷並貼上「偏執」、「大驚小怪」或「維多利亞時代遺老」之類的標籤。

如果那時代的基調是從舊的制約與束縛中「解放」出來，則也包括了脫離舊形式的偏見與不寬容的自由。如此來看，一九六七年英國廢止了將男性之間性交視為違法的「殘忍」與「過時」的法律，並允許女性墮胎（同樣被認為是給予女性「掌控自己身體的權利」而受人們歡迎）就是很自然的事了。美國也很快跟上

12 有點諷刺的是與此相關的英國知名政治人物的「性醜聞」。一九六三年，保守黨陸軍大臣約翰·普羅富莫（John Profumo）辭職，因為他向下議院否認他跟十九歲的克里斯汀·基勒（Christine Keeler）有性關係，恰好此時出現的「新道德」與「性革命」，宣稱誰跟誰睡都是沒問題的，但不包括政治名人。

英國的腳步。

同樣，這些解放、寬容與平權的理念，激發了一九六〇年代對抗殘忍與過時的種族偏見的革命。在美國，民權運動（也包括「女性解放」的推動者）展開了全國性的鬥爭，以給予廣大的黑人少數族群應有的平等權利。最能生動呈現當時新理想主義的象徵性事件，莫過於金恩博士於一九六三年八月在華盛頓特區一百萬黑人與白人示威者面前的演說〈我有一個夢〉（I have a dream），他的夢想，是黑人與白人能夠受到平等對待，並在「同胞情感」下共同生活。

兩個月後，甘迺迪總統被刺殺，那是第二次世界大戰之後最令人震驚的事件。但在他死之前，他已逐漸動搖了美國政治主流的立場，也採取一些終結南方種族隔離、種族歧視的行動，最具象徵性的事件就是，一九六四年時，通過了具有歷史意義的民權法案，明確肯認了〈獨立宣言〉的核心價值：「人人生而平等」。

與美國相比之下，在英國有關種族議題的變化，規模較小。一個曾鼓吹所有黑人移民應該「被送回他們原本的地方」的種族主義者，獲選為保守黨的下院議員時，因與當時的自由精神強烈扞格，以致於他幾乎四面受敵。一九六八年，前任保守黨閣員、同時仍擔任其政黨發言人的議員以諾・鮑威爾（Enoch Powell），發表了惡名昭彰的煽動性演說，他預言在十五年或二十年內，英國的「黑人會取代白人的權力與地位」，且他預見黑人移民到英國會造成血流成河的局面。那是至今英國政治人物所做出的最公然的種族主義演說，並挑起了全國性的革命浪潮。雖然鮑威爾受到少數主要由白人勞工階級組成的人士支持，但他還是很快被黨剔除，在政界失勢。

這種結果，確實可說明英國社會已自認為是自由開放的社會。但同時也是一種徵兆，預示著經歷前十年歡欣刺激的時代之後，一九六〇年代末期的天空正轉而黯淡一片。

至於造成社會重大影響的「性革命」，就如後來某位美國人所說的，雖然「自西方傳統對性的限制」解放出來，但卻未能創造「無拘無束的性滿足的烏托邦」，而且「最重要的是，還產生許多令人懊悔的案例」。[13]婚姻在英國崩壞得相當迅速，使一九五六年到一九七二年離婚率上升了四倍。雖然許多夫妻如今仍公開住在一起，但其實名存實亡，很多孩子的成長過程中並非是由雙親共同陪伴。而性影像素材供應量的暴增，造成的結果只是重複那些了無新意的色情出版物，並以

13 《多樣性神話》，頁一一四。

不同的方式同樣地貶抑男性與女性。

事實上，一九六〇年代在群眾情緒的變化中，最唐突的事件是發生在一九六八年。在那年之前，也就是一九六七年，正是從美國加州蔓延到整個西方世界、人們宣稱是「花之力量」的一年：由「愛」、「和平」與「嬉皮小鐘」所組成，伴隨著大量的大麻與迷幻藥。但就在幾個月後的一九六八年，出現了一股狂掃整個世界的異常浪潮。在美國與歐洲，都有大規模的示威活動反對美國涉入越戰，這些示威活動造成民眾與鎮暴警察之間的激烈衝突。這十年來的理想與樂觀主義已經消失了，並由憤怒與幻滅取代，後者促使許多大學生在校園和街道上「靜坐」，從美國、歐洲，到開羅與墨西哥城，抗議著各種威權體制。[14]

許多這類抗議事件，都是由一股年輕的「新馬克斯主義」浪潮所帶領的，他們用簡單到令人吃驚的方式，將這個世界視為由兩個截然二分的群體所組成。一邊是「上層階級」，享受著各種特權，另一邊則由其他「下層階級」組成，是上層階級用權力掌控並壓迫的對象。從那時起，這個圖像為他們的故事提供了影響

14　一九六八年也因美國的兩宗謀殺案而為人所知，金恩博士與甘迺迪總統的弟弟羅伯特（Robert）被刺殺，因為凶手反對他們有關自由派的觀點。在捷克斯洛伐克，「布拉格之春」也是代表反抗蘇聯共產主義極權統治的示威抗議活動。

力日益強大的支撐力道。

尤其在美國，顯然那些帶頭爭取女人與男人、黑人與白人平權的人們，正表現出某種新的挫折感。他們覺得他們理應促成的進步，還遠遠不夠。

於是，解放的一九六〇年代，轉變到了新的階段。

## 第三階段：一九六〇年代的夢想變成了挫折

這世界已失去它的靈魂，而我則丟掉了我的性別……胸罩是可笑的發明，但如果你堅持不穿胸罩，也只是讓自己蒙受另一種壓迫。

吉曼・基爾（Germaine Greer）

《女太監》（*The Female Eunuch*），一九七〇年

關於革命，問題在於一旦啟動後，很難知道究竟會停在哪裡。那些深陷其中的革命者，往往拼命追求他們夢想中的新社會，直到革命最終變成迥異於一開始所想像的結果。

當兩名美國黑人運動選手在一九六八年墨西哥奧運會領獎台上做出「黑人權

力」手勢時，整個世界非常震驚，因為他們指出了一九六〇年代並未給予美國黑人所夢想的自由與平等。黑豹黨（Black Panther）與黑人權力運動所主張的，並非金恩博士爭取的那種和平融入白人社會，而是認為他們的未來取決於黑人必須以自己獨特的「非裔美國人」文化認同為榮。他們的口號是「黑色很美」。[15]

他們並不孤單。一九六九年，紐約格林威治村（Greenwich Village）石牆酒吧（Stonewall Inn）附近，常常發生同性戀者與警察之間的打鬥，這促使了同志解放陣線（Gay Liberation Front）的設立，他們主張同性戀者不只要追求在壓迫的法律與偏見中爭取比現在更多的自由，也要以自己與異性戀社會不同而獨特的認同感為榮。他們的口號是「同志驕傲」。

黑人與白人自由派在美國民權運動時，並肩成為了「女性解放運動」的支持者。但到了一九六〇年代晚期，更年輕的成員對於原本的領導者——像是相信女性應該繼續化妝並打扮得吸引男性的貝蒂・傅瑞丹（Betry Friedan）——竟只取得微小的成果，感到強烈的焦躁和不安。到了一九六九年，引發了後來的「第二波女性主義（Second-Wave Feminism）」（第一波在世紀初成功地爭取到女性的

15 在金恩博士人生的最後一兩年，也就是一九六八年被刺殺之前，他也傾向這樣的觀點。他對於早年關於黑人白人完全融合、像兄弟同胞般生活的夢想所得到的進展感到幻滅。

投票權）。就如同前述好戰的黑人與男同性戀，更年輕一代的女性主義者認為，必須以自己不同於長久以來壓迫女性的男性的獨特認同為榮。許多女性以成為女同性戀者為榮。[16]

一九七〇年，一本暢銷書成為新一代女性主義者的聖經，即基爾所著的《女太監》。雖然她自己並非女同性戀，但她將男人描繪成刻薄的模樣、自私而無同情心的惡霸、裝出各種男子氣概、憎恨女人、只想壓制女人使其服從。[17]

「女人，」她寫道：「不知道男人有多恨她們。」但基爾完全無意表示解決此問題的方法是讓男人學習更柔軟、更無私、傳統上被視為「女性」的特質，例如對他人的同理心與關懷。[18]基爾一方面描述有數以百萬的百無聊賴、孤單的母親，被跟她們哭鬧的孩子綁在一起；另一方面，她也兩次特別提到護理人員被矇

---

16 參閱艾蜜兒・羅伊（Emile E. Roy）二〇〇九年的文章，收錄於《個人就是歷史：女同性戀對索諾馬縣女性運動與之後的影響》（*The personal is historical: the impact of lesbian identity on the Sonoma county women's movement and beyond*），https://pdfs.semanticscholar.org/7ef5/ 63482432ebccebdbc530584a67815f76e4ca.pdf 羅伊大量引用一位舊金山城市學院（City College, San Francisco）「黑人研究」講師、LGBT運動者魯斯・馬哈尼（Ruth Mahaney）的論述，「因為女性研究就是有一大票女同性戀者」。事實上，此時女性運動中較年輕的參與者，是真的女同性戀者，包括馬哈尼。

17 基爾也用同樣的輕蔑態度，將男人描繪成軟弱、無能、怯懦、自我中心、用各種方式憎惡女性。

18 基爾同樣批評「女性的直覺」概念，她駁斥這「只是某個教員看到微小不重要的行為面向，而輕率做出的、不能以三段論法檢證的結論」。

騙卻「自我感覺良好，以為是在減輕人們的痛苦」，儘管處於低薪、過勞、疲憊、不滿又勞累的狀態。簡言之，女性是整個社會真正的被害者，「唯一真正的無產階級左派」。

基爾不想看到女人把自己「當作女人」。她極力表示，相對於被憎恨的男人，所有女人在生理與心理上是極其相似的。就基因上來說，女人之間唯一的小差異，就是四十八個染色體中的一個而已。實驗顯示，就「非言語的認知能力」而言，例如「抽象論理」與數學、科學技能，「除了少數極為優異的女子外，並無顯著的差異」。但在某次訪談中，基爾將女性與農場動物相比擬，說女性因被閹割而變得「溫順」。女性已經「被割除她們的行動能力，那是一種為了口感而犧牲香氣的過程，而那必須被改變」。她主張：女人應該變得跟男人一樣強悍而有主見，能跟他們按照男人的方式競爭。換句話說，女人必須培養的是男人那種自我中心的特質，而那是當初她強烈厭惡的特質。[19]

---

19　基爾認為，母親們被迫「無聊地」待在家裡「跟她們哭鬧的孩子們綁在一起」，這種想法已逐漸被貶斥。女性必須獲得解放，外出工作「以實現自我」。這表示她們必須時常付錢給其他女人來照顧她們的孩子。但這產生了一種悖論：為什麼一個媽媽照顧自己的孩子要被認為是貶損其地位，但讓另一個女人來做就不是貶損呢？或許可以推論是因為那樣能讓其他女人能做自己以前做過的某些工作來「實現自我」。在二〇一八年世界經濟論壇（World Economic Forum）提出的一項研究顯示，英國的兒童照顧成本是全球最高的，花掉了家庭收支的三分之一。

雖然這些好戰團體只占一小部分，但卻是頗為喧譁的少數，致使一九六〇年代所確立的新的自由派態度，在整個一九七〇年代繼續廣泛地擴大影響力。那時，討論的不再是「責任」而是「權利」。社會已變得更熟悉「男性沙文主義」與「性別歧視」的概念，這些概念越來越流行，例如：男人應該更加投入傳統上由女性扮演的角色，例如烹飪與家事，並且在孩子出生時在產房裡陪伴。[20]「mankind」要改成「humankind」、「chairman」改成「chair」、「spokesman」與「spokeswoman」都由「spokesperson」取代、「actress」稱為「actor」就好、女人不應再區分為「Mrs」或「Miss」而應該同樣稱為「Ms」。甚至妻子與丈夫這種稱呼也要改，因為許多人雖沒有婚姻關係卻是同居狀態，因此逐漸學會互稱「我的伴侶」。

與此相似，社會逐漸使用「男同性戀（gays）」，而非「同性戀（homosexuals）」（更不用說「肉丸子（faggots）」、「古怪的（queers）」或「胭脂粉氣的（poofs）」這類更具冒犯性的詞）來指稱男同性戀者，也即使用比以前更加平等的字詞來接納他們作為整體社會的一部分。

20 從一九六〇年代後，許多年輕男性也風行披肩的長髮。

在英國，國家制訂新的法律、設立新的行政機關以落實這項新的「平等主張」。一九七〇年，平等薪酬法（The Equal Pay Act）規定雇主如果讓男人、女人同工卻不同酬，屬於刑事犯罪。一九七五年，總部設在曼徹斯特、新的平等機會委員會（Equal Opportunities Commission）（《私家偵探》立刻建議曼徹斯特〔Manchester〕應改名為波森徹斯特〔Personchester〕），制定了性別歧視法（The Sex Discrimination Act），目的就是為了打擊職場與教育上對女性的歧視。之後在一九七六年，則通過了種族關係法（Race Relations Act），並設立種族平等委員會（Racial Equality Commission）以終結任何形式基於種族或膚色而對人類的歧視。這些新的提案是希望以兩種方式發揮作用：其一是用較直接的方式，提供一個法律框架，讓認為自己因為種族或膚色受到雇主歧視的少數女性與男性，可以尋求救助。[21]

當時已有多種試圖以更主動積極的方式推動平等進程的方案正在進行中。首先是正向差別待遇（positive discrimination）（或美國所稱的積極平權行動〔affirmative action〕），主張應採取審慎的行動，以確保更多職缺與資深職位

21 這在某些個案中造成奇怪的後果，有個懷胎六月的女性到勞動法庭起訴她被歧視，因為她應徵一份需要搬重物的工作被拒絕，即使她也承認這種工作對她來說在體力上有困難。

對女性及少數族裔開放，而非總是白人男性。這種「反向歧視」政策造成一些令人困擾的結果，例如有些候選人之所以錄取某個職位，並非因為他們適任，只是因為他們符合所謂「多樣性的標準」。而在大多情況下，此政策的結果就是，這些人其實比原本那些白人男性更不適任那個職位。

大約同一時間，一群搬到英國的非白人移民，卻為英國的經濟與社會帶來明顯有利的改變。這群人是一九七二年二七〇〇〇位被逐出烏干達的東非印度裔亞洲人（East African Asians of Indian）（儘管只占總人口的百分之一，但他們的事業收益卻是全國五分之一）。當這些印度裔家庭很快地在街角開了許多小店時，他們的創業技巧、辛勤工作態度以及願意營業到深夜的模式，迅速改革了當時英國疲弱不振的零售業。[22]但這些亞裔非洲移民成功的故事，並未要求新法律的協助，也不需求助於符合「多樣性」目標。[23]

22 早自一九八五年，在這群人抵達英國的十三年之後，稅務局（Inland Revenue）公告的年收入超過一百萬英鎊以上人士，最常見的姓首次不再是「史密斯」而是「巴特爾」，也即都是東非亞裔人士。

23 傑出的美國黑人學者托馬斯·索維爾（Thomas Sowell）在一項極為周延的全球積極平權行動研究中說明，無論在經濟上還是教育上，美國黑人在一九六〇年代民權立法前的二十年之進步幅度，遠大於民權立法之後。在一九四〇年，百分之八十七的黑人家庭，收入低於官方所定的貧窮線。到了一九六〇年，這個數字掉到了百分之四十七，這很大程度歸功於美國戰後的繁榮，以及三百萬黑人從南方遷移到北方的州，以躲避種族隔離的法律及差勁的黑人學校。就像索維爾評論的，「眾多的」黑人「已像俗話說的『天助自助』提升了自己的生活，脫離貧窮線」。在一九七〇年代，聯邦政府實施了新的「積極平權行動方案」，但這百分比也只從百分之三十下降到百分之二十九而已。

另一場更驚人的「新平權」的勝利也是如此。一九七五年，保守黨選擇一位女性為領導，而她在一九七九年獲選為英國第一位女性首相。[24]

在蘇聯被譽為「鐵娘子」，而後更被稱為「內閣中唯一的男人」的瑪格麗特·柴契爾（Margaret Thatcher），被視為基爾所呼求的那種典範人物：一個能以男人方式勝過男人的女人。然而，後來最猛烈抨擊她的人，也正是女性主義者，她們認為這個意志堅強、右翼且「絕不調頭」的女士，根本不是女性主義者所想像的新女性。

確實，在之後的十年，也即一九八〇年代，柴契爾夫人與她堅定的保守派盟友隆納·雷根（Ronald Reagan）總統，變成了西方世界最強的兩位領導者，而所有這些不同主張最後融合在一起，成為所謂的「政治正確」的包羅萬象之意識形態。

---

就像索維爾引用的另一份研究顯示的，積極平權行動的主要受益人是黑人收入最高的前百分之二十，從一九六〇年代到一九九二年，他們收入增加的速度與白人一樣。但黑人收入最低的百分之二十那群人，他們的收入事實上還在減少，減少的速度比白人還要高一倍。參閱索維爾，《全世界的積極平權行動》（*Affirmative Action Around the World*），二〇〇四年，Yale: Nota Bene。

24 柴契爾夫人事實上是一九七九年下議院僅有的十九位女性議員中的一位（百分之三），而當時尚無少數族裔的下議院議員。在美國參議院，令人驚訝的是，一百位參議員中只有一位女性。

## 第四階段：「多樣性」與「多元文化」的夢魘

政治正確的說法在各地引發爭議。雖然這個運動起因於掃除種族主義、性別歧視及憎恨的殘跡，這種想望是可被稱許的，然而，它卻是以新的偏見取代舊的偏見。它宣告哪些議題超出界線、哪些表述方式超出界線，甚至哪些姿態超出界線。

老布希總統（George H.W. Bush）
一九九一年五月於密西根大學的演講

「政治正確」這個詞首次出現於一九七〇年代早期，而且是美國新左派（New Left）女性主義者所使用的詞。在一九七〇年，有本選集名為《黑人女性》（*The Black Woman*），編者寫到「〔男性〕沙文主義者不可能政治正確」。[25]之後這詞

25 維基百科對「政治正確」這個詞的歷史提供了很有幫助的整理，這個詞的首次使用，可回溯到一七九二年美國聯邦最高法院的一項判決。後來在整個十九世紀，它的意思就是這種字面上的意義。一九三四年，《紐約時報》（*New York Times*）也寫到納粹德國當時只發給「持政治正確意見的純亞利安人」記者證（在此同時，史達林的蘇聯也強制推行它的「正確思考」理念）。但一直要等到一九七〇年代，這個詞才第一次擁有我們熟知的意思。

便以諷刺的方式指稱那些「性別歧視者」或「種族主義者」有如中國「文化大革命」時毛澤東的說詞，「同志們！這在政治上不太正確」。

事實上，如今我們熟悉的這個詞的意思，要到一九八〇年代才被廣泛運用。首先，這是因為那時持守「政治正確」觀點的壓力迅速升級，尤其在美國的大學裡。但也是等到那些年之後，反對者也才開始用這個詞來反諷，特別是艾倫·布魯姆（Allan Bloom）於一九八七年在他那本暢銷書《美國思想的終結》（*The Closing of the American Mind*）對之攻擊之後。

其實，如果要挑選一個「政治正確」這詞開始成為極端的、無所不包的、如現今人們所熟悉的概念的始點，那可能是同年的一月，當時有五百位美國加州史丹佛大學的學生與教師，聚集聆聽黑人民權運動領袖傑西·傑克遜牧師（Rev Jesse Jackson）的演講。甚至傑克遜還大吃一驚，因為群眾聽完他的演講後，憤怒地衝過校園，跑到大學評議會上提交他們的要求事項清單，並反覆吼著：「嘿嘿、吼吼，西方文化滾蛋！」

如同五年後兩位史丹佛大學生卓越的著作《多樣性神話：校園的多元文化主義與政治不寬容》中所整理的編年史所說的，[26]這是一波歇斯底里浪潮的開端，這波浪潮橫掃了美國最受尊敬的大學，就像大流行的狂熱症與政變之交錯，就像中國的「文化大革命」。

那群史丹佛的學生與教師，想提供給所有學生的是一門經過精心設計的、帶領學生進入「西方文化」的歷史、觀念及文學經典的課程。但他們對於這門課原本提供的世界圖像及一切內容，均斥之為錯誤且具有嚴重的冒犯意味，尤其是關於性別、種族與階級的議題。

數個世紀以來，父權制、白人、菁英主義者、資本主義者，西方世界一直壓迫著女人、種族、性少數及社會較低階層的人。而這些觀點都反映在該課程所選的書裡，他們認為所有歷史都是由柏拉圖（Plato）與莎士比亞（Shakespeare）這些「死掉的白人男性」書寫的。女人、美國黑人及其他種族與文化群體所關切的事情與觀點，都被排除在那個世界圖像之外。

以新的流行詞「多樣性」與「多元文化」為名，所有那些菁英、性別歧視者、種族主義者、歐洲中心者都必須被丟進馬克斯主義者的「歷史的垃圾桶」裡。[27]

26 《多樣性神話》，同前引。泰爾在史丹佛大學獲得法律學位後，於一九九九年設立PayPal，並以臉書（Facebook）第一位外部投資人成名。因為這項創業投資與其他活動，使他成為美國最富有的男人之一。

27 「歷史的垃圾堆」這個詞來自於弗里德里斯．恩格斯（Friedrich Engels），但里昂．托洛斯基（Leon Trotsky）與其他蘇聯共產主義者將它改為「歷史的垃圾桶」。

在接下來的幾個月，由激進的學生與教員（其中許多人在一九六〇年代晚期新馬克斯主義者學生示威抗議時已被「激進化」）領導，並獲得大學校長唐納德·甘迺迪（Donald Kennedy）的熱烈支持，因此一門名為「文化、概念與價值」的新課程取代了「西方文化」。於是出現了各種關於「普世主義」，或過去傑出作者可能想傳達的適用於全人類的真相。新的指導準則是「相對主義」：學生應該透過舊文本與新文本的對照，來「體驗」許多不同的觀點，許多素材之所以被選進課程，是因為它們對性別、種族與階級議題有特殊的觀點。學生還是可以讀柏拉圖，但這類文本被放在澳大利亞原住民「夢幻時光」的信仰文本後面。莎士比亞的《暴風雨》（*The Tempest*）必須跟另外一個當代版本一起閱讀，即一位來自馬丁尼克（Martinique）的法國黑人作家所寫的《暴風雨》。這完全扭曲了莎士比亞原著的精神，把普羅斯彼羅（Prospero）描寫為壓迫他人的白人殖民惡棍，而卡利班（Caliban）則是該劇中的黑人英雄，奮力驅逐殖民主人的種族主義暴政，為島嶼贏得獨立，並由他自己擔任新的統治者。

學校也推出其他新課程，像是性別研究與女性主義研究，由特別聘請的女性主義教師講授。課程推薦的讀物清單，列有像是《女性主義者的框架：關於男性與女性關係的另類理論性講述》（*Feminist Frameworks: Alternative Theoretical Accounts of the Relations Between Men and Women*），該書主張：

> 女性的奮鬥必須立即聚焦在對抗男性的支配上。為了達成此一目標，女性必須拋棄異性戀，因為那會讓女性彼此分離，而與她們的壓迫者結合。女性的身體是社會構造。
>
> 女人不是自然而然的，女人是被塑造出來的，而不是天生那樣的……〔在〕新的社會，只有人。〔如果〕服膺女性主義理論，在實踐上就會是女同性戀，男人與女人的分別就會消失。[28]

女性與男性之間的差別只是「社會構造」的不同（甚至他們的身體也是），這個觀點預示了後來有關「性別」的政治正確討論中更為人知的信念，即使這個觀點看似與她們同時堅持女性必須團結在一起、要脫離男性的主張有所矛盾。

同樣也獲得新意識形態所提倡的是「男同性戀權利」，史丹佛大學也提供了製作「同志驕傲」雕像的資金，向人們顯示相互愛撫的男性與女性同性伴侶。此

28 由艾力森・傑格（Alison Jagger）與寶拉・羅森柏格（Paula Rothenberg）合編。紐約：麥格羅希爾（McGraw-Hill），一九八四年。

外，「女同性戀、男同性戀、雙性戀社區中心（Lesbian, Gay and Bisexual Community Center）」發起了兩性的「出櫃日」；大學發起了「男同性戀與女同性戀意識週」以「對抗恐同症」。在大學宿舍裡，甚至有已婚男同性戀者的住處，他們當中許多人還有小孩。

但「種族」還是被一般人視為最敏感的議題，而且因為需要推廣黑人作者、墨西哥人與其他少數族群的「獨特看法」，甚至鼓勵學生分析黑人饒舌歌曲的用字遣詞、參加「對抗種族主義的集會」，以支持被壓迫的墨西哥農場工人在各地發動的抗議活動。

因為在甘迺迪擔任校長期間，校方全力支持，所以史丹佛大學新「多元文化主義」的最大特徵，就是它製造出某種恐嚇與令人恐懼的方式，使人們都要小心翼翼免得被指控犯了三宗大罪：「性別歧視」、「恐同」與「種族主義」，無論被指控者的罪刑是否屬實。例如，在某個事件中，有位學生在宿舍房間裡私下說了一位不受歡迎、吵鬧的、且是同性戀的常駐助理（Residential Assistant）是「肉丸子」。當這件事傳到那男人耳裡後，該位學生很快就被他逐出學校宿舍。他聲稱那學生使用這個冒犯的詞，不只是「恐同」，也顯示出「種族主義」，這讓那學生的行為更令人髮指，那男人即以此說詞來正當化他的做法。第二天晚上，七位學生舉行一場安靜的燭光晚會，以捍衛事實上並非種族主義者的那位冒犯者的美國憲法第一修正案所保障的言論自由權利，而這引起了由黑人學生會（Black Students' Union）與其他學生帶領的群眾進行示威，其中有些人還威脅要毆打那群在安靜晚會的學生。但這些示威者卻獲得校長甘迺迪在校園報刊上的讚許，說他們已表現得「特別自制」，已有所控制他們正當的憤怒。

學生最初的幾句話，掀起了整個史丹佛校園關於「種族主義」的喧然大波。甘迺迪知道這點，於是他不只公開譴責那些安靜抗議的學生，還將他們「留校察看」，因為他們竟然對「種族」議題竟然表現出這麼不敏感。但事實上，無論是那些安靜抗議的學生，或最初那位冒犯者，都絕非「種族主義者」。

諷刺的是，從後來幾項研究中發現，史丹佛大學生一般是屬自由派，幾乎沒有種族偏見。問到黑人學生這個問題時，他們幾乎想不起具體事例顯示過他們遇過種族歧視的狀況。那些搞運動的人根本找不到什麼證據，只能空泛地指控史丹佛是「制度性的種族主義者」，而白人學生只因他們占了多數所以犯了「不知不覺的種族主義」的罪。

然而，有一點更能透露事實，即證據顯示黑人學生持續受到黑人好戰分子的施壓，強迫他們不可再跟白人朋友往來，因為這會背叛他們黑人的認同感。就像有些女性主義者希望女人不要跟男人有任何往來一樣，新多元文化主義者信條的本質，就是每個團體必須只跟自己同類的人團結，跟「別人」分開（但諷刺的是，他們原本有關政治正確的訴求，是要所有人像同胞那樣團結在一起）。

對於甘迺迪擔任校長期間史丹佛大學所引發的惡夢，可以下一個適當的註腳，即「菁英主義者」自己最終成為史丹佛最大的對手。一九九一年四月一日，國會有個委員會的主席宣布，經過調查，在甘迺迪在擔任校長期間，挪用了聯邦政府撥給大學的龐大研究預算。數百萬美元被挪用在圖利史丹佛高管菁英階層的生活，不只是甘迺迪自己的生活支出，也包括他的豪華宿舍，包括了花六十萬美元增設的防震設備，包括花四千元用來作為他跟第二任妻子結婚時的招待費用。這些事實顯示史丹佛發生了第三世界國家統治菁英常見的貪汙行為，其結果極具毀滅性，儘管甘迺迪費盡力氣想保住自己的工作，但六個月後他還是被迫辭職。

我們已花了一些篇幅說明史丹佛的故事，部分原因在於它的「多元文化模式」後來被其他美國大學所仿傚，但更重要的在於，它預示了之後幾十年普遍風行於美國、英國及其他地方的「政治正確」意識形態真相，恰當地呈現出詹尼斯的團體迷思規則：與真相脫勾的僵化信念系統的興起、由所有自認思想正確的人們之共識所支持而堅持自欺欺人的強大壓力，以及對任何不遵守者甚至只是誤以為不遵守者的極端不寬容。

但我們現在必須也看看同樣在那些年，在英國逐漸獲得勢力的不同版本的「多元文化主義」，尤其要看看在英國許多城市定居且持續擴張的穆斯林移民社區。

在白人與穆斯林混居的地區，無論是以個人還是家庭的方式，兩個族群經常是以相當和諧的方式努力融合著。但許多穆斯林，尤其是來自喀什米爾與巴基斯坦北部較貧窮區域的人，偏好與同族群的人聚居，整群人占著城市的特定區域。依照英國版的多元文化主義，地方政府允許他們按照自己的「文化傳統」與法律生活而能不受外在干擾。

這就產生了令人關注的異常情況。主流的英國社會認為男性的「性別歧視」是不能被接受的，但這群特定伊斯蘭人的「文化傳統」，卻能採取另一種極為不同的標準。許多女人時常因媒妁婚姻而被進口到那些穆斯林的「禁區」內，並且她們根本不會說英文，受男性族人的對待又極不平等，不僅要用罩袍遮住，而且時常受到身體上的虐待。

依據嚴格的伊斯蘭紀律，西方女性打扮並表現出性魅力，是讓人厭惡的事。但包括警察在內的政府機關，卻非常害怕被指控為「種族主義」並引發社區的強烈反彈，所以他們對穆斯林聚集區發生的事情幾乎都視而不見。地方議會因為害怕冒犯穆斯林與其他非基督教的「少數族群」，政治正確地取消了聖誕樹與相關燈飾的展示（然而穆斯林根本未曾反對過這些西方傳統，事實上他們還頗為樂在其中），而且他們不願介入穆斯林區域，即使那裡發生的事經常已違反英國法律。

一九九〇年代末期，就像我們在本章開始所看到的，英國發生了一件醜聞：幾千名年輕的白人女孩，其中包括許多不到具有自主性行為年紀的女孩，被主要由巴基斯坦男性組成的幫派分子所強姦，被餵食毒品，還受到各種虐待。

對強姦犯來說，這些由國家照顧的不幸的西方女孩，因為打扮過於成熟而性感，所以任何人都可以無所禁忌地愛她們，而她們也是如此渴求著，那麼，引用事件曝光之後某篇報導的標題，她們就是所謂的「方便肉」。[29]但這件事真正恐

---

29 彼得・麥羅林（Peter McLoughlin），二〇一四年，《「方便肉」多元文化主義、伊斯蘭與兒童性奴役》（'Easy Meat' Multiculturalism, Islam and Child Sex Slavery），法律與自由基金會（Law and Freedom Foundation），https://www.mensenhandelweb.nl/system/files/documents/08%20 feb%202016/Easy-Meat-Multiculturalism-Islam-and-Child-Sex-Slavery-05-03-2014.pdf 這個標題顯然有先見之明。當六個巴基斯坦男性於二〇一九年十二月因性侵案被送上法院審判時，法院上有人稱某個女孩「像塊肉被轉來轉去」，並出售供男人洩欲。英國廣播公司網站即有一篇報導名為「特爾福德（Telford）性侵案審判：女孩『像塊肉被轉來轉去』」（Telford sex abuse trial: Girl "passed around like meat"），二〇一九年十二月十二日，https://www.bbc.co.uk/news/uk-england-shropshire-50633181

怖之處在於，所有的政府公務人員、那些負有專業責任必須保護這些女孩並阻止這種惡行的人，突然間全都不管這件事，僅因為他們「多元文化主義」的自欺欺人的想法，而故意讓這起事件又延續多年。政府機關想避免穆斯林社區嚴重反彈的想法，壓過了他們想停止令人髮指的「性別歧視」及侵害兒童行為的義務。而且想維持政治正確形象的壓力越強化，矛盾就越加嚴重。

另一個這類矛盾情況出現在多年之後，在二〇一二年到二〇一四年間，人們逐漸發現被這種特殊的「多元文化」影響的不僅有羅瑟勒姆，還有許多其他的英國城市：羅奇代爾、牛津、德比（Derby）、紐卡索（Newcastle）、迪斯伯里（Dewsbury）、特爾福德及更多其他城市。在每個案件中，都浮現出政府機關老早就知道發生什麼事，卻依然毫無作為。更讓人深思的是女性主義者對這種醜聞的反應。雖然在一般狀況下，她們對任何顯示女人被男人性侵的證據皆會表達憤怒，但在這個與「多元文化」相關案例裡，可怕的是她們選擇保持沉默。

## 第五階段：與真相碰撞的二十一世紀

十二月四日星期三發起了一項「停止仇恨」的提案，那是在埃塞斯（Essex）

為了應對因仇恨而起的犯罪行為所進行的多項協同合作方案之一。提案的發起是在切爾姆斯福德（Chelmsford）的一場會議，由地區警局局長史帝芬・卡萬那（Stephen Kavanagh）主持，聚集了二二〇位來自各界合作機構、涉及該領域的代表。

會議的主題是「踴躍檢舉，有效查緝」，重點在鼓勵人們發現仇恨犯罪的被害人時，應向警方檢舉，無論是基於種族、宗教、性傾向、變性者認同或殘障的仇恨犯罪。

埃塞斯警政新聞（Essex Police News）

變裝皇后被帶到有稅金補貼的幼兒園裡，以教導孩子性多元的觀念。「變裝皇后說故事」組織的總部在布里斯托，設立目的是要教孩子「寬容對待男同性戀、女同性戀、雙性戀及變性者」。幼兒園的主管說，這一系列的課程有助於讓孩子「看見勇於對抗僵化性別限制的人」，長大後能投入打擊仇恨犯罪。他們希望鎖定兩歲到三歲的小孩，及早影響孩子的觀念。

《每日郵報》

二〇一九年十一月十二日

最近楊・維克（Young Vic）發信邀請各導演申請面試負責他們的一齣劇，名為《死亡與呼吸》（Dead and Breathing）。信中說：「因為編劇的特性，申請者如具有BAME身分（黑人、亞裔與少數族群）、變性或性別特異者，保證有面談機會。請在你的申請書中明確說明你身分。」假如有個徵才廣告說「因為『編劇的性質』『白人直男』保證有面試機會」，那肯定違法。

查理斯・摩爾的筆記本（Charles Moore's Notebook）

《旁觀者》（*Spectator*）

二〇一七年十一月二十五日

身分認同政治厭惡任何機構的順暢運行，目的就是要促使分裂的文化、永遠的動盪與投機主義。

利特約（Richard Littlejohn）說：「如果你覺得基層女警穿罩袍很可笑……」

《每日郵報》

二〇〇九年八月十四日

我們到了一個地方，如我曾說過的，我們看到失去良好智力的可憐人……

但丁（Dante）

《地獄》（*Inferno*）第一章

在本節裡，我們將看到這五十年來的政治正確與現實和許多方面的衝突下，究竟產生什麼樣的結果。

在二十一世紀開始時，隨著「PC」信念系統（the PC belief system）（譯註：一語雙關，指政治正確）穩定地擴大其範圍，並收緊其控制力，它展現了一些特定的要素。

其一是更為激進的倡議團體在推動自己特定主張時，所扮演角色的影響力日益擴大。其次，是政治人物、公眾與企業，包括大學院校在內，更加急切地接受這些主張。另一個則是以上這一切對社會的影響。那些並未直接涉入者中的大多數，因為害怕造成「冒犯」，變得更能意識到什麼事不宜說、不宜想或不宜做。即便那些不能苟同的人，就算私下可能會開玩笑地說那有多荒唐，但也必須學會謹慎，不會公開透露他們的反對意見。

之後我們將檢討，大約就是在此時，政治正確的意識形態掌控住越來越多議題，從支持極端的「動物權」倡議者，例如鼓吹禁止狩獵、反對資本主義，到「拯救星球」免於全球暖化。但這裡我們只討論本章的主題：「性別」與「種族」。在本節剩下的部分，我們將以三個標題檢視這些情況。

## 性別戰爭（一）：同性戀與同性婚姻權利

這些年來在大西洋兩岸，政治正確浪潮最驚人的成果之一就是擴展同性戀權利。

實際數據顯示，西方社會的「同性戀者」不到百分之二，[30]但在同性戀社群中，較保守的多數派只想被接受為社會裡的正常人，因此較為好戰的分子便成為主導同志遊行與示威活動、公開並主動標榜其「同性戀認同」理念的重要人物。他們採取的聲明是：反對任何「恐同症」。在英國，就像在美國與其他國家那樣，二〇〇四年通過了「民事伴侶」權，使同性戀伴侶能與異性戀伴侶一樣有合法的「民事婚姻」，這似乎是同性戀者「平等權」的勝利。但對更極端的倡議者來說，這是不夠的。次年，當大衛・卡麥隆（David Cameron）成為保守黨黨魁時，他

30 根據英國全國統計署（Office for National Statistics），成年人自稱為男同性戀、女同性戀或雙性戀者（LGBT）的人占百分之二，其中絕大多數是男同性戀。

決心掃除該黨的惡名——以他同事德蕾・梅伊（Theresa May）的話來說就是「骯髒的黨」。就在二〇一〇年大選前，好戰的同志運動團體遊說梅伊簽署一份正式的「女同性戀、男同性戀、雙性戀與跨性別議題」政策小冊子，主張完全的「同性婚姻」。這並不列在該黨正式的競選政策中，而卡麥隆自己也說他反對這項政策。但他現在擔任首相，梅伊是他的內政大臣，而三年內她將與她的自由民主黨聯盟同僚、婦女與平權大臣琳恩・費勒史東（Lynn Featherstone）決意幕後合作，讓少為人知但強而有力的歐洲理事會（與歐洲人權法院結盟）將同性戀婚姻放在推動進程中最優先的位置。

到了二〇一三年三月二十七日，所有事情都完成了。在歐盟理事會的一場由費勒史東主持的祕密會議中（公眾與媒體都無法進場），四十七個會員國代表同意，在該年六月前他們會將同性婚姻訂為法律，而在英國與法國帶頭下，許多國家確實付諸實行。[31]

這件事之所以跟團體迷思有關，在於十年前幾乎還沒人提到同性婚姻這個觀念（雖然它在一九八九年首次在一篇由同性戀記者安德魯・蘇利文（Andrew

31 關於英國通過同性戀婚姻的進程，較完整的論述參閱布克〈同性戀婚姻：法國的關聯〉（Gay marriage: the French connection），二〇一三年二月九日，《每日電報》。

Sullivan）撰寫的美國雜誌文章中曾提到[32]）。在國會裡，一三三位保守黨員與其他人反對此案。但不久後它就通過立法，且不只獲得社會與政治上的認同，而是任何反對「同性戀婚姻」者將是完全不被接受的。

二〇一四年四月，軟體業者謀智公司（Mozilla）執行長布蘭登・艾克（Brendan Eich）因數年前捐款一千美元給某個推動修訂加州憲法在州層級禁止同性婚姻的團體，被迫辭職。有個知名的保守派專欄作家查爾斯・克勞薩默（Charles Krauthammer）指出，連蘇利文自己也曾抗議艾克被迫辭職是「令人厭惡的」，表示這又是另一個例子顯示「新的不寬容進入我們的文化……這種文化表現出左派不滿足於提出論辯，甚至不滿足於在論辯中勝出，而是要毀滅反對者並將他們邊緣化」。他說，這顯示出「極權主義式的不寬容」，而這照理說是不被容許的。而現在，這種趨勢更加極端，這可以從幾年後北愛爾蘭某一則上國際頭條新聞的案子得到驗證。

兩個「重生的」基督教麵包師傅，被判犯了二〇〇六年平權法（性傾向原則）

32 〈新郎倌來了，同性戀婚姻的（保守）論理〉（Here Comes The Groom, A (Conservative) Case For Gay Marriage），一九八九年八月二十八日，《新共和國》（New Republic），https://newrepublic.com/article/79054/here-comes-the-groom

（Equality Act〔Sexual Orientation Regulations〕），因為他們拒絕為當地一個同運分子在蛋糕上塗糖霜，以及拒絕用兒童電視節目《芝麻街》（Sesame Street）裡兩個卡通人物與「支持同性婚姻」等文字為他的蛋糕做裝飾。[33]兩個麵包師傅不僅因堅持首相自己在五年前支持的原則而替自己添了前科紀錄，也被上訴至法院，英國的第二級法院判定兩個麵包師傅須賠償該同運分子五百英鎊，因為同運分子受到「歧視」。[34]更奇怪的是，二〇〇二年，民事伴侶合法化之前，布萊爾政府已經推出新的收養法（Adoption Act）讓同性伴侶能合法收養小孩。到了二〇一七年，在英格蘭與威爾斯被送養的孩子中，有百分之十是交給同性伴侶，這個比例比他們在實際伴侶數中所占的比例高出許多。就政治正確來說，這可能是毫無錯誤的。的確，這種結果也受到各界好評，但有些人批評這件事，尤其為了孩子的福祉，這現象有沒有可能是基於對人類心理學、生物學與自然本能的錯誤解讀？

33 就在北愛爾蘭議會（Northern Ireland Assembly）因為超新教民主聯盟黨（ultra-Protestant Democratic Unionist Party）的反對而投票否決該省同性婚姻法案後，他們提出這項要求。

34 但後來這項判決被最高法院推翻，撤銷五百英鎊的賠償。參閱《衛報》，二〇一八年十月十日，https://www.theguardian.com/uk-news/2018/oct/10/uk- supreme-court-backs-bakery-that-refused-to-make-gay-wedding-cake

雖然缺少公開的收養統計數據來確定這種情況，但這樣的疑慮卻可能因為二〇一七年某篇全國頭條新聞報導的案例而被強化。一個三十一歲的男人跟一個三十六歲的伴侶「結婚」，他稱後者為「丈夫」，而前者謀殺一個十八個月大、名為艾爾西（Elsie）的嬰兒而被判有罪，那孩子是他們八個月前收養的。

這個小女嬰於二〇一五年九月開始與兩個男人一起生活，但從她十個月大時，身上開始出現嚴重的傷痕。醫師與醫療機構的人一再見到這個女孩，社工也到她家探視了十五次，且看到越來越多受到傷害的證據。如果在一般家庭，他們早就會決定將女嬰帶走安置，但那些探訪者卻沒有採取任何行動。

最後，二〇一六年的五月，一如往常由三十一歲的伴侶麥特．史庫利希克（Matt Scully-Hicks）看顧時，孩子因為有多處的傷痕而被匆忙送往醫院，醫師在法院作證時表示，情況嚴重到好像那個孩子「出了車禍」。

四天後，女孩艾爾西死在醫院，史庫利希克被捕，之後在二〇一七年十一月受審，並因謀殺被判有罪。法院看了醫學報告與史庫利希克寫給他丈夫的推文，得知小孩受傷過程中不僅發生許多未被揭露的一連串事故，也常發生一些狀況清楚顯示他根本不知怎麼照顧小孩而導致情緒失控。在某則文字訊息裡，他說那嬰兒是「穿著嬰兒服的撒旦」。[35]

當然，也有一些類似案件是涉及異性戀伴侶的，小孩死於長期虐待，而其母親也是當事人其中之一。[36]「P嬰兒」事件在二〇〇八年曝光時，成為全國性的重大醜聞，儘管政府機關幾個月前就已知道那男孩遭受可怕的傷害，但一樣無所作為。但在艾爾西的案子裡，政府機關的過失更為嚴重，因為是他們自己一開始挑選了那個謀殺犯，將嬰孩交給他。他們並未審慎評估對方有沒有能力照顧孩子，而且從直覺或心理上來看，對方根本不可能適合，就只因為這時代意識形態的自欺欺人，使他們看不到最基本的人性現實面。[37]

35 《每日郵報》，二〇一七年十一月。

36 然而美國的研究已經顯示，小孩與無親屬關係的成年人住在一起，有極高的風險可能被傷害致死。大部分的加害者都是男性，而且大部分都是孩子受傷當時所住的家庭成員。孩子與無親屬關係的成年人同住受傷致死的風險，是跟親生父母同住的孩子的五十倍。參閱派翠西亞．許耐哲（Patricia G. Schnitzer）與班納德．艾維曼（Bernard G. Ewigman）合著，〈受虐而死的孩童：家庭風險因素與施暴者的人格〉（Child Deaths Resulting From Inflicted Injuries: Household Risk Factors and Perpetrator Characteristics），《小兒科》（*Pediatrics*），二〇〇五年十一月。

37 二〇〇六年在南非，同性伴侶收養已與英國在同一年合法化，有一對女同性戀伴侶被判謀殺罪，因為她們當中的一個毆打收養的四歲兒子致死。那對伴侶的一個員工作證指稱，案發當時，那對伴侶中較強勢的那人越來越憤怒於那男孩拒絕叫她「爸爸」。她被判處二十五年有期徒刑，她的伴侶則被判二十二年有期徒刑，因為她「被動參與」了謀殺那個男孩。參見《郵衛報》（*Mail and Guardian*），二〇〇六年三月二十三日，https://mg.co.za/article/2006-03-23-lesbian- couple-found-guilty-of-boys-murder.

## 仇恨犯罪、種族和雪花族

同樣在新世紀最初的幾年，有一個頗有意思、日益普遍的詞：「仇恨犯罪」。此詞源自一九八〇年代的美國，其所稱的犯罪受害者，用越來越為人熟知的政治正確詞語就是「非裔美國人」。而且此類犯罪事件的嚴重性，常因種族上的情緒而加劇。

在二十一世紀初，聯邦調查局每年出版一份「仇恨犯罪統計」報告，可以看到，可能成為「仇恨犯罪」被害者的少數族群正穩定增加中。二〇〇九年巴拉克・歐巴馬（Barack Obama）與美國國會通過「仇恨犯罪防制法（Hate Crimes Prevention Act）」，其中包含「實際發生或感受到的」，因「性別、性別認同、性傾向與障礙」而發生的犯罪。到二〇一一年，統計顯示有四六・九%的仇恨犯罪是出於種族的動機，而有二〇・八%則出於性侵向。

雖然美國半世紀以來一直在爭取平權與黑人地位的提升，而且也選出了第一位黑人總統，但值得注意的是，就某些方面而言，各個種族之間的關係其實比幾年前更差。這可以從層出不窮的事件得到印證，例如白人警察為了某些看來極為荒謬的理由射殺黑人，或黑人在警方的監管下死於暴力。二〇一三年，這類事件引發了極為喧嚷的「黑人的命也是命」運動。

雖然目前「仇恨犯罪」的概念正在英國流行，但最讓人震驚的是，公然的種族主義仇恨犯罪，在一九九〇年代初期即已上了全國新聞頭條。那是關於史帝芬・勞倫斯（Stephen Lawrence）的案件：他是一位十八歲的男孩，來自倫敦南區的一個黑人家庭，一九九三年，他在街上被五個白人黑幫青少年刺殺身亡。即使警方在謀殺案發生後的三天，就掌握應為此事件負責的人的身分，但令人起疑的是警方並未查辦此案件或確保任何人被定罪，因此逐漸發展成嚴重的醜聞。

原因之一在於，警方與所謂的「加勒比裔黑人」之間的關係長期處於嚴重緊繃的狀態，尤其是與英屬西印度移民中年輕而時常不滿的第二代與第三代男性後裔的關係尤為緊張。他們並未獲得穆斯林社群那樣的多元文化保護，也沒有異族「文化傳統」使他們能獲得政府機關的溫和對待。這些年輕的黑人，有極高比例在相當差勁的公立學校得到很差的教育，而且經常失業。許多人持有或販賣毒品，且通常會被警察攔下並搜索。他們對社會的疏離感，導致他們在一九八一年發動暴力示威，並發生了幾起年輕黑人與警察在布里克斯頓（Brixton）、倫敦南區與其他英國城市的打鬥事件。之後又發生類似的事件，就像一九八五年在倫敦北方布洛德沃特（Broadwater）發生的騷亂那樣，在那裡，落單的白人警察在一群黑人暴民面前，被突襲毆打致死。

這與許多可敬的、守法的、快樂融入社會的黑人家庭無關，就像勞倫斯的家庭那樣（他被謀殺時正就讀普通教育高級程度證書的課程）。[38]但這確實有助於了解許多警察對黑人社區整體的態度，而當高等法院退休法官威廉・麥弗森（William Macpherson）爵士負責處理勞倫斯事件的多項調查案中的一件時，他激動但並非毫無正當理由地譴責警方為「制度上的種族主義者」。

事實上，麥弗森更進一步定義「種族犯罪」是「任何被認為屬於種族主義的犯罪，而且不僅被害者這麼認為，『其他任何人』也這麼認為」。在勞倫斯的案子裡，無疑的，他被謀殺確實是出於種族的動機（涉案幫派後來不只一位事後被判犯了其他種族主義攻擊的罪行）。麥弗森表示，如果有任何人「認為」某個行為是「種族主義的」，那麼它就會自動被那樣歸類。

二〇〇三年，新的刑事法（Criminal Justice Act）定義了幾類因被害者為少數族群身分而對其特別有「敵意」的犯罪行為，並加重其刑責，包括動機為種族、

38 這很大程度上要歸功於史帝芬的能幹、口才好的母親朵琳（Doreen），那件案子才能在多年間繼續引起公眾的關注。直到二〇一二年，兩位最初的嫌犯被定罪並入監服刑。同一年，朵琳被挑選在倫敦奧林匹克運動會掌會旗，而在二〇一三年，她成為勞工黨上議院議員勞倫斯男爵夫人。

宗教、性傾向（或「推定的性傾向」）及身心障礙（或「推定的障礙」）等。而在不久之前，這些犯罪行為還只被模糊地稱為「仇恨犯罪」。

現在，麥弗森指控警方「制度上就是種族主義者」之後，警方逐漸走向另一極端。他們一度不願調查那些闖空門、偷竊商店或其他類似的違法行為，而是變得過度熱切地找尋「仇恨犯罪」的情況，這情況嚴重到在二〇一三年，英格蘭與威爾斯的犯罪統計報導前一年度「仇恨犯罪」件數，升高到了二七八〇〇〇件。

雖然在警方的正式紀錄裡只登錄了四三七四八件仇恨犯罪，但到了二〇一七年，這數字上升到八〇三九三件，也就是七八％的案件都是仇恨犯罪，一一％涉及性傾向、七％涉及宗教，以及七％涉及身心障礙。剩下的一二四八件或二．一％當時則被歸類為「跨性別仇恨犯罪」。與麥弗森的說法一致，這些罪行不只來自針對被害人而言，也來自於任何其他人的「認為」。二〇一七年八月二十一日皇家檢察署（Crown Prosecution Service）發布了新的準則，建議「線上仇恨犯罪」如今應該視為跟「親手」犯罪一樣嚴重，尤其是針對使用網際網路以激起恐怖主義行動或對孩童進行性誘拐的狀況。

但最近幾年大西洋兩岸所做的，也就只是設法提高對於「怎麼說話才是社會上可接受的」，甚至是「怎麼思考會受到質疑」的敏感度。首先是網路評論中的

「酸民話語」，接著因臉書、推特這類社群媒體的興起而產生了更大的平台，使抱持政治正確意見的個人或團體得以將自己的觀點傳播給別人，而此狀況導致的部分結果是，使他們沉溺於所謂的「道德信號（virtue-signalling）」，即想讓人注意到他們關於特定議題的觀點，以證明他們與那些道德上「正義的」一方站在同一邊。[39]甚至也讓那些匿名者對任何他們所不容許的意見者發洩怒氣。正是由於這種新的做法，使政治正確團體迷思的傳染力達到推波助瀾的效果，同時也促成了一個明顯的結果，就是回到一九六〇年代那個鼓吹「寬容」與「平等」的時代。

就是那場運動，在美國與英國的大學校園裡（一九八〇年代晚期發生在史丹福大學的事件已預示著）創造出所謂的「安全空間」，在那裡，學生獲得保證絕對不會在相關議題上遇到任何有違政治正確的僵化觀點。[40]

當「安全空間」運動在二〇一五年開始橫掃各間大學時，學生想要受到此種

39 參閱詹姆斯．巴索羅穆（James Bartholomew），〈道德訊號的驚人興起〉（The awful rise of virtue-signalling），《旁觀者》，二〇一五年四月十日。

40 要求「安全空間」的做法起源於一九八〇年代晚期，那時一小群激進的女性主義者聚集起來排除任何不是「LGBT」（女同性戀、男同性戀、雙性戀與跨性別者），以強化對抗外部世界「性別偏見」的認同。

保護的議題清單，已從種族與性別擴大到對抗資本主義者、否定氣候變遷者，無所不包。依學生所稱的「禁止平台」原則，他們想要禁止任何他們認為其觀點「有冒犯性」的內外部言論。他們要求，如果某一本書含有可能被認為「擾亂別人」的段落，應該被事先警告，比如史考特・費茲傑羅（Scott Fitzgerald）的《大亨小傳》（*The Great Gatsby*），因為小說裡有「男人對女人施暴」的情境。學生們譴責任何「支持」西方借用其他國家或部落習慣或服飾的做法，他們稱這為「文化挪用」，例如，呼籲學生食堂停止供應「突尼西亞燉菜」或玩樂性質地穿戴墨西哥帽。這是因為他們希望自己僵化的意識形態受到保護，不會遇到任何衝擊，卻也使得這些異常敏感的靈魂被人譏笑為「雪花族」（編按：類似台灣說的草莓族）。在二〇一六年，甚至男同性戀名人史帝芬・佛萊（Stephen Fry）也嘲笑那些學生被「嬰兒化」。

但最諷刺的是政治正確的核心，就像任何繞了一大圈回到原點的想法那樣，最終只是自嗨而已。現在看來，真正需要保護的受害者，只有那些雪花族學生自己。[41]

這一切背後那團體迷思的不寬容情緒如此強烈（更別提群體仇恨）以致於產生了許多其他的矛盾狀況，例如，二〇一五年卡迪夫大學（Cardiff University）學生希望能禁止曾經為女性主義代表者的基爾舉辦演講。他們指控她有「恐跨性別症」，因為她曾說自己無法將希望變性成女人的男性當作真的女人，理由是他並沒有自出生起就作為女人的經驗。

二〇一六年四月，在肯特郡（Kent）某所大學的一場主題為「酷兒的再激進化」會議上，有個LGBT支持者拒絕跟男同性戀權利老將彼得・塔契爾（Peter Tatchell）共用講台，後者相當驚訝自己被指控簽署了一封「挑起對跨性別人士的暴力」的信函，並且使用過「種族主義者的語言」。他稱這是校園中「獵巫、胡亂指控的風氣」使「公開辯論」成為不可能的例子之一。[42]

---

41 二〇一七年聖誕節快到時，波士頓大學（Boston University）的基娜・哈米爾（Kyna Hamill）教授聲稱〈聖誕鈴聲〉（Jingle Bells）這首歌是「種族主義者的歌」，因為它在一八五七年首次演出時，白人曾「塗黑」進行「黑臉雜秀」。她控稱「『聖誕鈴聲』的傳統就其黑臉雜秀與種族主義起源而言，被巧妙而有系統地自歷史中排除了」。

在英國，下了一場小雪之後，世界卓越大學之一的倫敦大學學院（University College, London）發出官方推文告訴學生，該校將一如往常開放，推文開頭的文字是「夢想一個白色的校園嗎？」結果這激起了兩個學生帶有敵意的評論，控稱倫敦大學學院是種族主義者。第二天，大學行政單位道歉表示「我們昨天想到〔平・克勞斯貝（Bing Crosby）〕的《銀色聖誕》（White Christmas），挑了不好的字，我們很抱歉，未來我們用字上會更謹慎。」那個冒犯的推文後來被移除了。

42 參閱〈彼得・塔契爾：因言論自由立場而被學生冷待〉（Peter Tatchell: snubbed by students for free speech stance），《觀察者報》，二〇一六年二月十三日。

二〇一七年夏季學期，獲得熱烈新聞報導與網路討論的是彼得．塔契爾（Peter Tatchell）曾說過的那些話。那時，美國一間小型的大專學校被一大群歇斯底里的人淹沒，正好回應了一九八〇年代史丹福大學發生的情況。某個政治正確的社會學家成為了華盛頓州立常青學院（Evergreen College）的校長，他設立一個「多元與平權委員會」（Committee on Diversity and Equity），以檢討學院受到「種族主義」多大的影響。這個委員會充滿了黑人與白人激進分子，後來委員會做了一份帶有嚴重偏見的報告，認定常青學院內的「種族主義」非常「猖獗」，並建議採取激烈措施以根除這種錯誤。有個教員布雷特．溫斯坦（Bret Weinstein），在學院裡擔任了十四年的演化生物學教授，是一位無可挑剔的自由派，也沒有種族主義者的相關看法。但他對於委員會提議的事情感到非常困擾，因此他在會議中提出並透過電子郵件質疑這些措施會不會封鎖了言論自由，讓學院無法發揮大學適當的開放心胸與追求真理的精神。

到了二〇一七年五月，常青學院那時幾乎完全被激進的意識形態所把持，溫斯坦在校園被貼上仇恨人物的標籤。因為擔心引發好戰分子的怒氣，私底下同情他觀點的學生及教員也都保持沉默。事件發展到最高潮，好戰分子提議，所有白人某一天應該全部離開校園，否則就會因為沒有表現出與「反種族主義者」團結一致而被攻擊。好戰分子自己貼出的一段影片顯示，溫斯坦被一群暴亂喊叫的黑人與白人學生包圍，他想跟他們理性對話，但他們一直叫囂：「嗨嗨，吼吼，溫斯頓必須離開！」[43]

當情況變得失控，有一個人（並非溫斯坦）報了警。於是人們試圖阻止警察進入校園，直到校長要求這群人離開學院。常青學院在好幾天內都被憤怒的暴民弄成無政府的狀態，偶爾他們會動手攻擊異議者。溫斯坦自己也曾受到死亡威脅，決定將家人遷移到安全的地方。一兩個月後，校長告訴他，學校不希望他繼續待著。

同個夏天，多倫多大學（University of Toronto）也有類似情況。那次事件的主角是喬丹・彼得森（Jordan Peterson）博士，他是一位心理學教授，也是擁有三十年資歷的臨床心理師。他因為領導一場運動反對加拿大人權法（Human Rights Act）與刑法（Criminal Code）的修訂而贏得許多人追隨，那兩項法律的修法打算將那些使用「特定性別專用代名詞」的行為視為犯罪行為，例如「他」或

43 關於此事件的更多說明，見：'How social justice activists took over a college and drove some professors out' 搜尋 YouTube: https://youtube/Pf5fAiXYr08.

「她」。[44]某次，他試圖在大學校園裡公開演講，聽眾既有支持者也有反對者，那次的情況YouTube上也有影片。他一開始堅定地說，他不是要討論「性別政治」，只是希望捍衛「言論自由」。影片顯示，在現場他很想證明自己的論點，但他一直被吼叫的抗議者所包圍，那些人一開始以擴音器震耳欲聾的電子噪音干擾他，隨後又剪掉他的麥克風。當他試圖以自己最大的聲量說話，抗議者於是一起大聲叫囂，導致他最後只能離開。[45]

這即是「安全空間」的另一面：它需要策劃令群眾憤怒的公開示威活動，以抗議任何它認為或想像為「冒犯性」的任何事物。有個著名的例子是二〇一五年在開普敦大學（University of Cape Town，UCT）的「羅德斯必須倒下」（Rhodes Must Fall）運動，那時，黑人學生對著該大學過去的捐助者之一塞西爾・羅德斯（Cecil Rhodes）的雕像，噴灑人類的排泄物，並要求學校移除雕像。這是因為，在一個多世紀前，羅德斯在英國對南非殖民工作的推展扮演領導的角色，從而也

44 新法律主張的並非將所有使用「他」或「她」的行為都視為犯罪，只是規定，如果有人希望被以「性別中立代名詞」來稱呼，例如用「zie」取代he或she，用「zim」來取代him或her，用「zir」取代his或her，以及用「zis」取代his或hers，則這時使用「特定性別專用代名詞」可能會冒犯到該對象，便構成違法。

45 關於這段影片與其他類似影片，請見'Dr Jordan Peterson speaks at UoT rally for free speech'，https://www.youtube.com/watch?v=vFcn775CqAg.

被視為數百萬名非洲黑人的壓迫者。當示威者宣稱，這間大學是「制度性的種族主義者」，而南非的教育應該「去殖民化」時，他們利用臉書與推特在南非其他的大學也鼓動類似的抗議活動。有個運動的領導者讚揚阿道夫・希特勒（Adolf Hitler）與羅伯特・穆加比（Robert Mugabe），並在一場廣播採訪中表示「猶太人是惡魔」。

同年稍後，原先開普敦大學抗議者當中的一位，恩托科佐・庫瓦比（Ntokozo Qwabe）進入牛津大學奧里爾學院（Oriel College），在那裡，他與其他人發起類似的運動，要求移除羅德斯的小雕像，那雕像就在學院前方，其實幾乎很難讓人注意到。羅德斯也是這所學院捐贈金額最多的人士之一。但庫瓦比不覺得他的行為與這件事有任何不協調之處。他認為自己雖然能進牛津大學正是因為羅德斯捐款設立的獎學金，但他主張，那些錢一開始就是羅德斯從非洲人那裡偷來的。

一開始維持政治正確的學院的行政單位，看似同情該運動的訴求，而那也包括需在校園中讓學生提高對英國殖民史之惡的意識。但等到捐贈者威脅要扣住給學院的十萬英鎊捐款時，校方決定將雕像繼續留著。[46]

46 此事件激起英國其他地方類似的運動，像在布里斯托，最大的慈善家之一就是愛德華・柯斯頓（Edward Colston），他在十七世紀時因販奴生意賺了大錢。在二〇一七年，該市最終決定，他的名字應該自科斯頓堂音樂廳（Colston Hall）移除。

二〇一七年也發生類似的風潮，即人們鼓動要移除或推倒美國歷史人物的「具冒犯性的雕像」，特別是十九世紀來自南方各州而在美國南北戰爭（American Civil War）參與聯盟國（Confederates）守護奴隸制度者。

這提供了另一個例子說明團體迷思的極端的一方，如何經常激起另一個極端的一方起身反對。在八月十一日，數百位「白人至上者」、「新納粹」及其他極端右翼群體，聚集在維吉尼亞州夏綠蒂鎮（Charlottesville）的大學校園，抗議移除羅伯特·李（Robert E. Lee）將軍雕像的提議，該將軍在蓋茨堡（Gettysburg）擔任將軍指揮聯盟軍及南北戰爭後期的戰事。

當晚，右翼示威者精心舉辦了一場納粹式的燭光遊行，結果遇上一群抗議的學生，引發了小衝突。但第二天早上，多出了更多白人至上主義群眾聚集在一起，許多甚至武裝起來。然後他們遭遇另一群憤怒的黑人與白人自由派示威者。雙方爆發了暴力衝突，最後有名白人種族主義者開車闖進反對的群眾中，造成一名女子死亡並造成十九人受傷。此事件登上了全球新聞頭條。[47]但當川普總統對著這

47 關於「夏綠蒂鎮」事件的完整說明，參閱喬·赫姆（Joe Helm）〈再說明那個憤怒、仇恨、暴力與死亡的日子〉（Recounting a day of rage, hate, violence and death），登載於《華盛頓郵報》（Washington Post），二〇一七年八月十二日。

醜陋的情景譴責所有涉及人士的「仇恨、偏執與暴力」時，又激起了自由派更大的憤怒，因為川普的譴責並不只是針對白人種族主義者而已，也包括他們自己。

川普也質疑這種拆除雕像的風潮最終會發展到什麼地步。美國設立最多雕像的都是該國的建國英雄，像喬治・華盛頓（George Washington）與湯瑪斯・傑佛遜（Thomas Jefferson）。但這兩人都蓄奴，難道也要拆掉他們的雕像嗎？

十天後，川普得到一個答案，八月二十一日，抗議者自己在網路上張貼一段影片，以大槌子敲掉美國最古老的雕像之一——克里斯多福・哥倫布（Christopher Columbus），該雕像從一七九二年起就矗立在巴爾的摩（Baltimore）中心。哥倫布作為新大陸發現者的罪名，顯然在於「挑起數世紀以來美洲的恐怖主義、謀殺、種族屠殺、強姦、奴役、生態破壞及資本主義對勞工的剝削」。沒要求哥倫布承擔的罪行似乎只剩「恐同症」與「跨性別恐懼症」了。與哥倫布的罪狀相比，華盛頓與傑佛遜就相形失色多了。至少應該不會因此要求美國要更改首都名稱。

## 性別戰爭（二）：多重的矛盾

最能凸顯政治正確最終會帶來的困惑與矛盾的方式，莫過於對照二〇一七年夏末與初秋，兩則登上頭條新聞的事件。

首先，在本章開始曾描述Google一位資深軟體工程師戴摩被辭退。依Google執行長皮查伊的說法，該工程師的錯誤在於，他在那封長篇幅、論述謹慎的電子郵件中引用了科學與心理統計學上的數據，證明在某些面向男女性之間既有生物上也有心理上的差異。在那位炒他魷魚的人眼中，這顯然極具「冒犯性」，使得戴摩不能再留在公司裡，因為他的觀點侮蔑了公司的「基本價值」。

現在我們已經可以了解到，那種認為男性與女性之間的差異純粹是「社會構造」與「文化構造」的差異之信念，可追溯到一九七〇年代初期的基爾，以及一九八〇年代史丹福大學女性主義者所設定的性別研究的既定文本。但從那之後，認為性別只是「文化設定」的結果的想法廣泛風行，甚至流向了政治正確思考的核心。現在人們會說，喜歡玩玩具槍的小男孩和喜歡玩洋娃娃的小女孩，是社會強迫灌輸「性別成見」之下的受害者。

然而，就在戴摩事件發生幾週之後，好萊塢最大牌的製作人哈維·溫斯坦（Harvey Weinstein）連續爆發嚴重的醜聞，據悉他多年來執著於在性方面獵捕女性，運用他的地位與權勢，對十多名想在事業上有所發展的女演員下手，將電影業界早為人知的「陪睡」陋習發揮到極致。

這引發了推特與其他社群媒體上廣大女性的回應，她們以「我也是」（Me

too）加入那些受溫斯坦侵害的人們，並表示她們也是被男性性騷擾的受害者。溫斯坦的醜聞持續登上每天新聞的頭條，且有更多人出來指控，導致演藝業界的一些其他知名人物的名譽也受損。這類醜聞也在英國引發一連串的新聞報導，媒體連續多日揭發一個又一個政治人物是如何以「性方面不適當」的行為對待許多女性（甚至在某案件裡是對待男性）。

有位女性記者宣稱，某資深內閣官員十五年前在一次面談中「碰了她的膝蓋」，造成那位官員辭職下台。另一個則是他被指控發送了「不適當的」簡訊給一位保守黨運動者，並以辦公室電腦觀看色情影像而辭職下台。其他當週頭版新聞還包括「部長叫助理買情趣用品」、「保守黨高層的浴衣穿在一位男性助理身上」、「部長：我是法隆（Fallon），卑鄙的性別歧視的被害者」（編按：指國防部長麥克．法隆〔Michael Fallon〕）及「工黨試圖掩飾強姦案」。

這一切有如卡夫卡式的荒謬（Kafhaesque）情境。一個被點名的保守黨部長莫名其妙登上新聞版面，被指控的事情又模糊不清，甚至他自己都不知道發生了什麼事。威爾斯議會有一個資深議員甚至因為類似原因而自殺。儘管被公開點名他是那些有關性的「指控」的主角，但他完全不知道究竟這些指控的性質為何，或到底是誰在指控他。

所有這種歇斯底里的現象，都有一個特徵，就是都嚴重損及某人的名譽。一九六〇年代，普羅富莫事件成為了戰後英國史上最著名的政治性醜聞。他事實上是跟案件中的女孩上了床，而那女孩是自願的。在後來那些「性騷擾」的指控中，政治人物的表現讓人覺得他就是感情上不成熟的「性害蟲」，相當以自我為中心，而且無法控制生理上的衝動，以致於完全不知該如何跟另一個人類建立關係。

但更重要的是，所有被指控有不當行為的都是男性。這些案例中沒有任何一位是男性被女性「性騷擾」，因為那種男人的行為就只有男人會去做，那些男人已失去所有關於男人該如何對待女人的自我意識與敏感度。不過，這些男人成長的社會，在一九六〇年代性革命之後，性被提升到一種讓人執迷的程度，並且那些舊有針對「不當行為」的社會制約，已普遍被拋棄掉了。

然而從一九六〇年代以後，廣泛流行的性解放觀點還有另一面較為不幸的後果，這不只反映在牽涉其中的男性，更多是反映在女性身上。

近幾年，生活中有個越來越明顯的趨勢就是許多年輕女性自願跟男性發生性行為，而後被拒絕了，或只因為其他原因而對此懊悔，就會控訴她們的伴侶強姦她們。二〇一七年十二月，連恩・艾倫（Liam Allen）歷時兩年的訴訟案件凸顯了這一切，他是一個工程科系學生，因為對不具名女性的六件強姦案與另外六件性侵案而受到審判。皇家檢察署與警方對他的控罪非常嚴重，他可能被判十二年有期徒刑，而且終身都有前科，整個毀掉他規劃的未來職涯前景。

審判開始後僅僅三天，辯護律師設法取得了先前被警方與皇家檢察署扣住的證據，也就是那女人電話裡四萬封電子郵件、簡訊與其他訊息。內容不僅顯示她與被告都很享受「合意的」性關係，且當他要求分手後，她還糾纏他好幾個月，提議他們可以繼續「合意」上床。這大大危及並驚訝到檢方，使其立即撤案。法官裁定，那個學生可「以無罪身分離開法院，其人格不會留下汙點」。

但這件事引發了對警方與檢方相當大的質疑，因為他們竟如此疏忽，未能好好檢視證據，甚至還壓扣著證據，因而怠忽了確保被告獲得關鍵資訊的義務。

之後真相浮現，為應對女性主義者團體的壓力及政治正確的要求，警方與檢方有段時間將強姦事件看得更加嚴重，而且努力確保有更多男性被指控強姦女性（她們跟被指控的男性不一樣，可以確保完全的匿名）並因此定罪。[48]艾利森·山德斯（Alison Saunders）更強力推動這項政策，該名女性從二〇一三年起即擔

48 不到一週後，艾倫的案件就成為全國醜聞，第二件強姦案因類似理由而瓦解：警方扣住可能讓被告無罪的證據。因此，大都會警察局（Metropolitan Police）宣布重新審查近期的強姦案。參閱〈警場將重新審查強姦案〉（Yard to review all rape cases），《每日電訊報》，二〇一七年十二月二十日。

任皇家檢察署檢察長。她曾表明，她最優先任務之一就是增加強姦案定罪數，要求警方必須更相信聲稱自己被害的女性。[49]

然而，這案例就跟其他之前提過的案例一樣，展現出許久以前那種性自由的夢想所造成的不幸後果，導致了兩性之間前所未有的衝突與泛濫的團體迷思，如同戴摩被解雇的情況那樣，假裝著兩性在生物上與心理上並無根本不同，認為兩性之間的區別只是「社會設定」帶來的「文化構造」的差異。

在前幾個月，還有一些更明顯的證據顯示這種自欺欺人受到政治正確拉拉隊的歡迎。例如，六月時，前網球明星約翰・馬克安諾（John McEnroe）引起了一股抗議風暴，因為他在一次受訪中提到，雖然美國冠軍瑟琳娜・威廉絲（Serena Williams）是「史上最佳的女性球員」，但如果她打男子盃，「她大概排全球第七百名」。威廉絲在推特回應，「親愛的約翰，我讚賞你也尊重你」，但「請不要在你那毫無事實根據的話語中提到我」。

但馬克安諾有事實支持。他說，威廉絲會輸給全球頂尖的七百位男性中的每一個，未必是對的，但她自己也承認打不過當時的世界排名第一選手安迪・莫瑞

49 那年男性被追訴強姦罪的案件數大幅上升百分之三十。「被害人」應該被自動相信之原則，在「兒童性侵」案中被廣泛接受，並經常造成困擾和爭議的後果，我們在本書稍後的章節還會討論到。

（Andrew Murray），而且她確實還被許多人擊敗過。

英國廣播公司與其他媒體當時也同樣試圖推廣女性參加板球、足球、英式橄欖球及其他團隊運動的比賽，認為女性應該像男性一樣認真對待那些比賽。但證據顯示，就所有運動比賽而言，至少就明顯的生理因素而言，少數女性可能贏過很多男人，但許多男人顯然勝過多數女人。否則，以網球或田徑來說，男人跟女人應該用相同的方式比賽。但全世界最快的女性短跑選手，還是每次都輸給尤賽恩・博爾特（Usain Bolt）。

與此相似，二〇一七年英國廣播公司逍遙音樂會開始前，英國廣播公司宣布，女性作曲家如今「引領風騷」，將顯示出她們跟男性作曲家同樣的卓越。但這引發了一位女性主義者在網站「音樂中的女性（Women in Music）」提到，女性作曲家在該季的音樂節目曲目中只占了百分之八。[50]就像我開玩笑地在我的新

50 英國廣播公司不只一人曾宣稱，女性作曲家在古典音樂史上之所以沒有突出的表現，唯一的原因是女性是性別歧視的受害者。其特別提到費利克斯・孟德爾頌（Felix Mendelssohn）的姊姊芬尼・孟德爾頌（Fanny Mendelssohn），她因為社會偏見而不得不以他弟弟的名義發表某些歌曲（就像布朗特姊妹〔Brontë sisters〕與喬治・艾略特〔George Eliot〕大約也在此時以假名隱藏她們真實的性別以發表小說）。另一個例子則是莎士比亞的劇作，往往由女演員扮演男性名稱的角色。例子包括女的哈姆雷特（Hamlet）、女的李爾王（King Lear）（或稱李爾女王），還有個女演員扮演尤利烏斯・凱薩（Julius Caesar）（或該稱茱莉亞）。雖然在莎士比亞時代，女性角色也由男性扮演，所以這種反串也算正當，而且也有人時髦地宣稱這是劃時代的創舉，肯定了男性與女性是完全可以互相替換的，但這種政治正確的手法卻讓劇作中的心理張力完全消失。

聞專欄中所說的：

雖然生活中有許多領域是女生勝過男生，但人們喜歡聽的還是男人因生理因素與心理因素而確實表現勝過女性的領域。女性的表現跟男人真的是平等的。當我們對於性別差異越來越困惑時，我們可能想起當人們高喊「給女人投票權」時，威廉・吉伯特（W. S. Gilbert）對此的著名回答。他長期因回嘴「給男人嬰兒」而被嘲笑。但我們現在讀到報導聲稱「權威醫師」希望國民健保署能討論有關補助的提供，讓男人做「子宮移植」。我們知道，吉伯特是很有想像力的喜劇作家。但即使是他，當掉入我們今天正走進的困惑泥淖時，應該也會無言。51

團體迷思的一個特質就是，一旦某個主張看似已確立其地位，必須再往前推進才行。這幾年，人們努力推動「跨性別」在政治正確主張中至最優先的地位，允許人們將與生俱來的性別轉變成另一種性別，或讓自己變成不屬於任一性別。

這是那種認為「性別差異只是出於社會建構」此信念在邏輯上的擴展，而人

---

51 就在這件事不久後，我的報社通知我，以後不准再寫他們所稱的「性別戰爭」。

們相信，自己是男是女並不由生物決定，而是「文化設定」的結果。[52]將人稱為「性別流動」似乎成了一種流行。二〇一七年左右，出現為數不少的一群醫學界與學術界人士，跳出來提供心理上與醫學上的協助，針對那些不清楚自己「性別認同」的人，要替他們安排荷爾蒙治療、手術及「轉換療法」，使他們能夠轉變成跟自己出生時不同的另一種性別。

人們普遍支持一種權利，即「自我認同」任何一種自己希望進行的「重置」，且被社會認為他或她確實就是那種新性別。這個觀點如今變成是政治正確的。如同我們在本章開頭看到的，英格蘭教會發布指令給它所有四七〇〇所小學，應允許男孩穿高跟鞋，而女孩可不用穿裙子，以避免冒犯其他自認為「跨性別」的孩子。

早在二〇〇九年，專欄作家利特約就提到在麥弗森上台後，英國警方急於表現得跟國內其他政府機關一樣政治正確，不只設立男同性戀警察協會（Gay Police Association）、黑人警察協會（Black Police Association），全國穆斯林警察協會（National Muslim Police Association），甚至還有無宗教警察協會（Pagan Police

52 那些「自我認同」為「跨性別」或「非二元性別」的統計數據，以難以確定著稱，但在英國與美國，這些數字都小於〇．一％，或在人口中每千人不及一人。

Association），現在還有「全國跨性別警察協會」（National Trans Police Association）。根據網站，這個協會的存在「主要」是協助有任何性別認同問題的在職與退職警員、警政工作人員與義警，包括但不限於跨性別男性、跨性別女性、自我認同為跨性別者、混性人或雙性人及那些變裝者。[53]

即使這種追求「多元」與「平等權」的新風潮當時已自己產生怪異的矛盾，就像某種政治正確的主張與另一種政治正確主張的衝突一樣，但對於新的對跨性別的執迷，最令人懊悔的就是更激進的女性主義者。她們強烈反對允許「變性」的男性使用女性更衣室、送進女子監獄。這要回溯到馬丁・彭丁（Martin Ponting）的案例。這個男人自稱是女人，但還保有男性生殖器，他因為強姦兩名女性而被判有罪，其中一位受害者是殘障人士。但他堅持自己應該去女子監獄，之後在女監就開始侵犯其他受刑人。

二〇一七年九月，下議院女性與平權委員會（Commons Women and Equalities Committee）提案修訂二〇一〇年平權法（2010 Equality Act），變更「男性」與「女性」的定義，一群女性主義者安排了一場會議討論「什麼是性別？」，這讓那些

53 利特約，《每日郵報》，二〇〇九年八月十四日。

好戰的跨性別運動者非常憤怒，指責她們是「排斥跨性別的激進女性主義者」（Trans-Exclusionary Radical Feminists）或TERFS（他們的口號是「TERFS去死吧！」）。跨性別運動者決定阻止會議的召開。當女性主義團體聚集在海德公園（Hyde Park）的演說者之角（Speakers' Corner）時，她們遇到一群叫囂的「跨性別者」。兩派人士對罵起來，這時有位六十歲帶著眼鏡的女性主義者正要拍攝那時的情境，卻被一個體格壯碩「戴著帽子、男性身體」的跨性別者在臉上打了一拳，將她照相機打落到地上。其他跨性別運動者主張打人者的行為是正當的，因為那些不贊同跨性別者的「制度性暴力」，讓跨性別者覺得不安，而肢體的報復只是一種「自我防衛」。

然而，這種越來越歇斯底里地聚焦在跨性別的情況，有個影響更深遠的發展，就是詹姆斯．卡斯賓（James Caspian）的經歷。他是巴思斯巴大學（Bath Spa University）的學者，也是心理治療師。卡斯賓是英國跨性別議題的權威專家，在此領域受到高度敬重。然而數年來，他日益困擾於一些證據顯示有越來越多人，尤其是女人，借助於外科手術與藥物治療「變性」成另一種性別後，變得極度不快樂，然後想變回來。他在一場訪談中表示，「這些年輕女性中有些人表示，她們覺得自己犯了錯，她們是受到網路上風行的社會壓力的影響才這麼做的」。然而當他向同事針對此事提出他的疑慮時，其中一人說，「我不認為我們該談那件事」。訪談中他繼續說：

> 在LGBT社群中，一群人數不多但聲量很大的少數派，似乎一直想拓展跨性別者權利的界線，無論花費多少成本……我想，我們已經到了這樣的地步，人們害怕說出他們所想的事，而在我的領域中，這種情況並不好。

卡斯賓越是積極研究，結果就越顯示出這種狀況已變得比人們所知還更嚴重且困擾的問題。最後，他向所屬大學申請進行全面的學術研究，題目是「做過性別重置程序者及／或對變性結果進行迴轉治療者的經驗調查」。他說，他充分知道他的研究結果可能不被視為「政治正確」的，但現在跨性別議題只單方面地推銷給整個社會、「全面透過網路推銷」，甚至「帶進教室」，而他覺得圖像的另一端也應該獲得認同，擁有恰當的討論，這點非常重要。[54]換句話說，他已經走

---

54 二〇一七年十二月，據報，蘭開夏郡國民健保署照護基金信託（Lancashire Care NHS Foundation Trust）寄了一份問卷給各小學請十歲孩童填寫，詢問「你覺得你內心的性別跟你出生的性別是否相同？」（你覺得你是男的還是女的），問卷要求他們在方框勾選，確認自己的真實性別是「男孩」、「女孩」或「其他」。參閱〈對十歲孩子做跨性別調查〉（Trans survey for 10-year- olds），《每日電訊報》，二〇一七年十二月十一日。

出團體迷思的泡泡，審慎檢視證據，且擁有為自己而思考（並且感覺）的勇氣。

然而，使他大感意外的是，二〇一六年十一月，他的申請被巴思斯巴大學否決了，理由是「在部落格或社群媒體上張貼令人不快的材料，可能損害大學的聲譽」。結果，在這一切被揭露之後，對大學傷害事實上最深的，就是大學拒絕了對那項重要議題進行嚴肅研究。這個案例再次顯示了團體迷思的力量，不僅關閉了人的心，也關閉了探索任何真相的道路。[55]

這一切究竟會引領我們達到什麼樣的「真相」呢？如果要繼續探討，我們需要接下來簡短的兩個章節來說明。

55 根據美國的跨性別學生教育資源（Trans Student Education Resources）網站於二〇一八年一月的貼文，應使用「LGBTQQIAPP+」稱呼「女同性戀、男同性戀、雙性戀、跨性戀、酷兒、疑性戀、雙性戀、無浪漫傾向者、泛性戀、多性戀」。有時簡稱為「LGBT」或「LGBTQ+」。有時又可以簡稱「queer」。

# 第二章

# 仇恨與自欺欺人

凱西．紐曼（Cathy Newman）：「彼得森，你說過，用你的話來說，男人必須『他媽的成熟一點』。告訴我是為什麼？」

彼得森博士回答：「嗯，因為沒有比老嬰兒更醜的了。那些長不大的人總是找不到足以在艱難時刻支撐下去的生命意義，而且他們確實都會遇到那些艱難時刻。他們只剩下苦痛與懊悔，沒目標、隨波逐流、充滿敵意、憤恨不平、自大、自欺欺人、百無一用、不能當女人的伴侶，他們一無是處。」

紐曼與彼得森的對談

第四頻道新聞（Channel 4 News）

二〇一八年一月十六日

鑽頭影片（drill videos）的誘惑，以及他們頌讚的幫派生活很難讓人理解。除了暴力之外，加入幫派跟加入運動隊伍其實沒什麼兩樣。這兩種組織都提供男孩們渴望的東西：有挑戰性的活動、與平輩競爭、讓他們交到朋友並證明自己的能耐……若沒有這些其他選擇，這些青少年就必須創作自己的《蒼蠅王》（*Lord of the Flies*）。在守法的社會裡，我們的確沒辦法給他們需要的東西，使他們發達，因而讓這世代只有虛無主義與嗜血的暴力。

哈里特・薩金特（Harriet Sergeant）談「刀幫」（knife gangs）
《旁觀者》
二〇一八年四月十四日

想了解這六十年來日益讓人困惑的發展，最好的方式是簡單觀察二〇一八年年初那陣子的頭條新聞。

那年新年，全世界正迎接著如今已司空見慣的煙火秀，那年煙火最壯觀的地點是在澳大利亞與倫敦。雪梨港灣大橋（Sydney Harbour Bridge）上的絢麗的「彩虹煙火」，顯然是設計為慶祝澳大利亞「同性婚姻」的合法化。倫敦眼（London Eye）上空的煙火，則據說是要倡導「性別平權」。

幾天後，在好萊塢，數百位女星穿著黑色服裝在年度的金球獎（Golden Globes）頒獎典禮上，齊聲說：「時間到了。」這是要說給溫斯坦與其他無數的色狼們聽的。但攝影師顯然沒意識到她們的諷刺，還是把鏡頭聚焦在哪位女星的黑色服裝最養眼，或誰最敢露事業線。當晚的高潮，是黑人媒體巨星歐普拉・溫芙雷（Oprah Winfrey）的開場演說，在台上她大喊「時間到了」，一度讓台下許多人猜想她是不是要參加二〇二〇總統大選。接下來幾週，報紙都是這場偉大的

「性別戰爭」頭條報導、充滿憤怒的推特留言，以及一股迫使人們服從政治正確的壓力。

在英國，陷入困境的梅伊首相在混亂中進行部會改組，據稱是為了讓政府「更加多元化」和「建立一個與國家更相似的政府」。此舉顯然是想提名更多的女性與少數族群擔任部長。但改組的結果乏善可陳，根本沒人注意到哪個無足輕重的人這次調到哪個職位。

應該沒有其他議題比男、女性的「工資差距」更能挑起群眾的憤恨不平了。如今，這種狀況更因為英國廣播公司裡發生的一件事而加劇，即：該公司的一位女性中文總編輯發現，她的薪水比兩位男性同事還少，隨後便非常高調地辭職。類似的憤怒很快地傳到其他公司組織。例如超市巨頭特易購（Tesco），該公司有二二五〇〇位員工，位於倫敦的一間律師事務所宣布，他們正在辦理特易購公司裡一件與結帳櫃台服務的女性員工相關的超大型法律訴訟案件。訴訟的焦點是，女性員工每小時工資只有八英鎊，對比之下，於分配系統部門工作的男性，時薪則是十一英鎊。包含補償女員工在這些年該補足的薪資，據稱特易購為了這場官司必須花費達四〇億英鎊。但之後法院發現，許多在商店櫃台工作的男性工資，時薪也是八英鎊，就跟女性員工一樣。而在分配系統工作的女性，也跟同部門的男員工一樣，時薪為十一英鎊。換句話說，若是在同個部門，特易購的男女員工完全是同工同酬的（因為從一九七〇年代開始，法律就這樣要求），並沒有所謂的「性別工資差異」。後來此議題越演越烈，梅伊首相稱之為「燃眉之急的不正義」，情況表明，此議題事實上非常複雜，絕非一些衝動之下的粗糙、簡化說法可以概括。

梅伊首相於是要求英國的大型公司提供男、女性工資的相關數據。當這些數據公開時，乍看之下似乎確認了她自己所想像的情況：整體來說，男性的薪資真的比女性高了十八%。但其實這數據有嚴重的偏差，因為在那些公司裡的最高階職位，男性人數比女性更多，而且高階員工的收入比其下絕大多數員工的薪資多出極高的數額。但如果剔除這極少部分的高階主管，情況就不同了。在年輕的員工裡，男、女性的收入極為接近。若不論部分的時薪員工，薪資差距就會降到非常不明顯的一．八%。

然而，等到女性因生育而停止工作，男女薪資上的落差就會拉開。即使後來女性回歸職場，這種職涯上的中斷，也時常讓她們遠離晉升的機會。同樣的，最資深的職位之所以有更多的男性，原因在於他們通常有很強的事業野心，所以不會停止下來照顧家庭，而是非常努力、一心一意地爭取升遷到最高層的機會。擁有類似的積極動機、但人數遠為稀少的女性如今已不會因她們的性別而使成功機會受到阻礙。的確，時代風氣已經改變，以致於身為女性有時甚至還是一種優勢，使得她們有較好的升遷機會和薪資收入。

在另一種不同的背景下，同樣的時代風氣也反映在英國陸軍令人吃驚的新募兵方案。這幾年來，陸軍努力招募新兵，為了達成陸軍的主要目標並維持光榮紀錄，先前的募兵口號是「成為最好的」，希望呈現男性在傳統上的陽剛角色，讓他們在前線戰鬥或駕駛坦克車。但現在，募兵工作已經外包給一家公開發行公司——人均公司（Capita），經營者大多數是離職退休的地方政府員工。

他們的新廣告不像之前主要鎖定那些強悍、有潛力成為勇士的年輕男性，告訴他們可能會被訓練為菁英、加入訓練有素的部隊、培養一些實用的技能並享受陽剛的優勢。新的募兵方案大部分針對女性、同性戀、穆斯林與其他少數族裔，他們現在希望這些人加入他們標榜的「有歸屬感的陸軍」。

之後，在一份官方文件中才揭露這個新的募兵方案是陸軍高層指示的，包含英國陸軍最高將領尼克．卡特（Nick Carter）全力支持的一項新的「必達目標」，規定任何男性士兵若不積極努力使陸軍成為「現代化、多元化且融洽的職場」，就別想升遷。

相對之下，二〇一八年開始的幾個月，持刀犯罪案件大量爆發，尤其是在倫敦較貧窮的區域。二〇一七年，倫敦有八十件持刀刺人致死的案件。在二〇一八年前三個月，就已經發生了五十多件。根據警方統計，持刀刺傷人的案件「一個月大概有三百至四百件」。

這種持刀傷人的現象，從美國擴散到了英國，並集中在以連身帽遮臉的青少年與年輕男性所組成的幫派。這些人當中，許多都有少數族群的背景，對他們來說，持刀刺傷其他幫派的成員是一種表現男子氣慨的方式。他們大部分都嗑了藥，並不斷在網路上吹噓自己的行為，還會透過 YouTube 上的「鑽頭影片」，搭配充滿暴力意味的饒舌歌曲述說他們最新的「襲擊事蹟」，而且讓熱門的影片部落客藉由按他們「讚」以獲得大筆收入。美國第一個「鑽頭饒舌歌手」明星，是來自芝加哥的奇福．基夫（Chief Keef），他在十六歲就簽下了數百萬的交易契約。另一位明星則是里爾．毛斯（Lil Mouse），他被「發掘」時才十二歲。

英國陸軍現在可能很想努力避免在最新的募兵宣傳詞中，訴求報名者要展現陽剛氣質。但男性想展現陽剛的氣質、參與競爭、小試身手的心情其實並未消失。而現在，那種心情以最陰暗、最虛無主義的方式，重新浮現在那些在倫敦街頭遊蕩的幫派分子，他們透過刺傷、甚至刺死其他青少年與年輕男子的人數，來衡量他們由睪固酮推動的男子氣慨，並在網路上大肆宣傳。這些與社會疏離的年輕男子，被社會背棄，社會不再提供讓他們長大成熟、作為社會的一員所需要的教育、機會與價值。他們當中許多人是黑人。雖然他們可能對歷史一無所知，不過還是有些人願意作為他們的代表，可能是因為了解他們正是英國黑暗的種族主義的受害者。

《衛報》有個女性專欄作家提到，英國有位偉大的戰爭英雄霍雷肖・納爾遜（Horatio Nelson）將軍，倫敦最有名的雕像就是他，也有以他最著名的勝仗取名的廣場，而他曾經在十八世紀末還存在奴隸制度的西印度群島服役。他與當地白人農場的主人為友，那些農場主人則透過他們進口非洲黑人奴隸大軍，賺了大把財富。那個女性作家建議：是時候了，該將這位「種族主義者」的雕像從特拉法加廣場（Trafalgar Square）移除。

人們可能早已預料到這個《衛報》專欄作家的建議，只不過是在這國家最政治正確的報紙裡會講的事而已。然而，英格蘭歷史遺產委員會（Historic England），也就是被賦予照管英國歷史文物的正式機構，後來竟然用一張納爾遜雕像被大鐵球敲碎的照片，提議針對其他歷史人物的雕像，是否也應該為類似理由而拆除這件事，進行了全國辯論。

英國殖民主義者過去所留下來的另一項遺產，在二〇一八年三月某個星期天的報紙上揭露了驚人的案例。案例顯示，許多白人女孩（經常未達可合意性行為的年齡）被主要為巴基斯坦裔的亞裔幫派性侵。二〇一三年，在特爾福德的什羅普夏鎮（Shropshire），七個穆斯林男子因連續性侵大約兩百個女孩而被判刑。但後來出現新的證據顯示，這種集體犯罪的規模遠比先前報導的更大，從一九八〇年代以來已牽涉高達一千位的受害者，他們甚至還殺了五個人以避免她們向政府舉發。同樣的，也有證據顯示當地警察與社工人員在許多年前就已知情，但卻毫無作為。同樣值得讓人深思的是，「我也是」世代的女性主義者，選擇靜默無聲，她們顯然並未將這些年輕女孩的命運，視為為女性平等權而戰的一分子。

如果認為以上案例只是因為官方的「多元文化主義」信仰而出現的醜聞，先等等，因為幾週後又出現另一個矛盾的事件。

英國教育、兒童服務及技能局（Ofsted）的督察——負責管理英國學校的政府機關人員——某次到了北倫敦史丹福山（Stamford Hill）供猶太教正統派家庭的學生就讀的耶索地·哈托拉女子高中（Yesoday Hatorah senior school for girls）視察。該校的學業成績、紀律與行為表現均足以作為表率。但唯一讓督察擔心的是，學校並沒有教那些女孩關於「性」的事，學校的理由是那違背學校的宗教原則。

學校當然也不會提到同性戀。督察甚至還拷問女孩們關於網路約會的事，雖然他們知道這對學校來說同樣違反原則，也必然受到家長的嚴格禁止。

然而此案例值得一提的是，英國教育、兒童服務及技能局名義上也是要負責穆斯林學校的政策評分的，那些學校也適用相同的、嚴格的宗教原則。不過出於對「宗教傳統」的尊重，英國教育、兒童服務及技能局卻從不曾抱怨過這些學校的倫理規範。如果他們面對的是一群猶太孩子，「多元文化主義」的原則似乎就不再適用。

對照之下，無論是英國還是北美的教育系統，長期以來最容易成為政治正確、團體迷思的溫床之處，就是大學。很多大學典型的做法就是像牛津大學哲學系在二〇一八年三月所發的聲明那樣，為了吸引更多女學生，學校的「多元與平權主管」必須設計新的書單。過去這二千五百年來，絕大多數的權威哲學家都是男性，而今後新的閱讀書單中將有四〇%會是女性。這其實是一九八〇年代史丹福大學「正向差別待遇」的一種變型。他們之所以要求學生閱讀這些文獻，並不是因為書籍內容的智性內涵，或在西方思想發展史中的地位，而純粹是因為作者的性別。為了讓這些女性作者在書單上有一席之地，過去許多卓越的哲學家必須從課綱中刪除。

同樣值得一提的是，政治正確的青年們現在集中他們的怒氣，發洩在跟言論與思想自由有關的議題上（當然，不包括他們自己的自由）。在倫敦國王學院（King's College，London），由自由意志主義學會（Libertarian Society）籌辦的言論自由辯論中，被一群自稱「反法西斯主義者」的蒙面暴徒闖進並破壞。他們衝入教室、叫喊怒罵、對任何人揮拳，他們採用的正是希特勒的衝鋒隊（Brownshirt）在一九三〇年代首創的戰術。

更具象徵性的例證，是加拿大皇后大學（Queen's University）法律系舉辦的一場討論「強迫言語的興起」的會議。在擠了超過九百名聽眾的歌德式演講廳裡，主講人是多倫多大學心理系的彼得森教授。當時加拿大打算立法將「不對那些自稱跨性別者用性別中立的人稱代名稱」（例如'zie'與'zis'）的行為定罪，彼得森大力反對，因此聲名大噪。

會議的主持人在介紹彼得森時，舉例說明多倫多政府目前是如何要求律師、教師與夏令營主辦單位推廣政治正確的概念。但他被走廊上一位抗議者打斷，抗議者叫喊：「他媽的都是謊言。從來就沒有『強迫言語』這種事。」接著，一群叫囂的抗議者湧進演講廳，其中兩人走上講台站在彼得森面前，拉著一幅布條寫著「擊潰偏執的自由」。經過一兩分鐘的吼叫，這些抗議者被請出會場。彼得森那時說了一句「附帶一提，這就是純粹的自戀」，獲得了極大的掌聲。

他接著詳細闡述，對文明社會來說言論自由與思想自由有多重要。有鑑於他們剛才見證到的狀況，他特別提醒，那些「病態教授」經常鼓舞年輕的大學生，希望他們不要為自己思考，而只對他們洗腦，讓他們相信特定形式的「激進意識形態」，這對那些年輕大學生已經造成損害。「大學是個很特別的機構，」他說：「但是看著大學被那些不合適的人破壞，實在讓人應該深深警惕。」

在接下來一個半小時的演講裡，演講廳外有更大群的粗魯學生叫囂漫罵，並持續拍打窗玻璃（最後打破了），彼得森已不需要其他的證據來證明他的說法了。

彼得森最近成了許多人心目中的魅力人物，原因之一在於他兩個月前在英國電視節目上的表現。這是政治正確史上非常具啟發性的指標事件，值得用最後一節特別說明。

## 紐曼與彼得森的對談

那些受制於任何形式團體迷思的人，顯著的特徵之一是他們只喜歡跟那些能分享自己信念與思維模式的人在一起。如果他們真的遇到不認同自己意見的人，他們會拉幫結黨，如此才能讓那些有不同意見的人閉嘴。他們偶爾會發現，他們遇到的同溫層以外的人，有些頭腦很清醒，也夠聰明，足以揭露他們的思維模式多麼膚淺而不理智。二〇一八年一月十六日，彼得森與第四頻道新聞台的一位知名且很有攻擊性的主持人紐曼，進行了一場電視訪談，當時就是這樣的情況。當這段訪談的完整版放上 YouTube 後，幾週內，在大西洋兩岸有超過十萬則評論的極高人氣。

彼得森在歐洲出版了他最新的著作，《生命的十二法則》（*12 Rules for Life*）。在前一年，他才剛吸引了大批粉絲，主要是來自 YouTube 上張貼的他的演講與電視訪談，這些影片讓他成為前所未有、能深刻批判政治正確意識形態對西方社會所造成的影響的人。尤其，藉助於他自己三十年身為臨床心理師，看過數千位病患的權威地位，以及他擔任心理學教授的經歷，彼得森警告男人們現在正發生什麼樣的情況：他們不再被鼓勵要擁有男子氣概，女性現在則偏執地認為自己應該忘掉女性的本能特質，以其所認定的「相等的男性條件」跟男人競爭。

從第一個問題開始，紐曼就對彼得森發動攻擊，顯然，她自己堅稱是女性主義者，她就是要透過這個節目打擊這位教授，將他貶低成偏執、心胸狹窄、「另類右派的」厭女症。她一開始用輕蔑而質疑的音調問他：「彼得森，你說過，用你的話來說，男人必須『他媽的成熟一點』。告訴我是為什麼？」

「嗯，」彼得森回答：「因為最醜陋的就是老嬰兒。」「那些長不大的人，」他繼續申論說：「找不到足以在艱難時刻支撐下去的生命意義，而且，他們確實經常遇到艱難時刻。但他們只剩下苦痛與懊悔，沒目標、隨波逐流、充滿敵意與憤恨不平、自大、自欺欺人、百無一用、不能做女人的伴侶，他們一無是處。」

這是意料之外的戲劇性開場白，從那之後，彼得森繼續闡述將近半小時，這時，情況越來越明顯了，就是彼得森跟紐曼原先預想的男人的樣子不一樣，彼得森繼續用他的深刻思想、謹慎用詞、事實證據來回答，並時常露出微笑，證明了他不是紐曼所想的那樣。

這場訪談中，特別引起注目的是紐曼一次又一次地試著抹黑彼得森為對女人有敵意、偏好「性別工資差距」、犯有「以偏概全」與「恐跨症」。但每次彼得森都回答她預料之外的答案，這時她會試著將他壓回到她預想的他的樣子。比方對彼得森說「所以你的意思是……」然後說一個荒謬顛倒的話語來諷刺他剛才所說的。然而每一次，彼得森都禮貌而堅定地指正她，指出她的說法跟彼得森真正講的或想的毫無關聯。

這個案例凸顯了團體迷思是如何試圖扭曲反對者的觀點，將它曲解成看起來相當可笑的樣子。就在剛才那場對談第二十二分鐘時，紐曼質問彼得森，他有什麼權利拒絕以跨性別者偏好的性別代名詞來稱呼跨性別者、有什麼權利「冒犯」他們？彼得森說，他從沒做過那種事，他只是反對加拿大立法強制使用「性別中立代名詞」，因為這是對言論自由權不可接受的侵害。他在整場訪談中一再表現出，他對於紐曼針對他的嫌惡與冒犯覺得「相當不舒服」，但紐曼完全有權這麼做（「你開心就好。」）。但如果她無疑就是盡全力行使她冒犯人的權利，她又怎麼能抱怨其他人冒犯別人呢？「你確實正在行使你的言論自由，冒著冒犯我的風險。但那沒事，你有更多的權利可以那樣做……」他說。

這時，在訪談中，紐曼第一次看起來不知所措，然後說：「我正想辦法弄清楚你講的，我的意思是……」

看著她十多分鐘努力想說些什麼，彼得森身體微微前傾，然後微笑說：「哈，我逮到你了！」

雖然之後訪談還持續了幾分鐘，紐曼還是東拉西扯想要打擊他，但剛剛那就是訪談中最關鍵的時刻了。那些在影片上表示意見的人，多數都認為這是充實的一堂課，讓他們了解到那些被特定思維模式框住的人，怎樣也無法跳脫到外面來思考事情。許多觀眾取笑地用「所以你的意思是……」來作為他們評論的開頭。

紐曼擺明想打擊彼得森，但她根本不懂他所說的每字每句。她能一再做的事，就是攻擊她原先設定的他的形象，而那種形象僅僅存在於紐曼自己的腦子裡而已。透過訪談中彼得森所說的每一個字，即足以證明紐曼似乎真的是活在另一個平行世界。

換句話說，紐曼完美示範了任何陷入團體迷思的人，究竟會發生什麼狀況。總之，他們要的只是對任何不認同他們思維模式的人，憑著一股道德優越感加以蔑視。但是，當真實世界的事實、證據及理性主張的論點戳破了他們的泡泡，最終就會出現像紐曼那樣茫然失措、無言以對的狀況。

我們在書裡應該已經看過很多次這種狀況。但是首先，我們必須更深入探討西方社會是如何與為何會造成這種前所未有的困惑、不幸的分裂局面。

# 第三章
# 政治正確的本質

再也沒有另一個時代比現在更缺乏真實情感、更誇大自己真心以外的虛情……廣播節目與電影總是那麼虛假，現今的報紙與文學也是。人們在真實與虛假的情感裡浮沉。他們樂在其中，他們賴此維生……而他們常常在裡頭混得還不錯。然後呢，他們一而再、再而三地心碎。

大衛．赫伯特．勞倫斯（D. H. Lawrence）

《查泰萊夫人的情人》

（*Apropos of Lady Chatterley's Lover*）

一九二九年

我們在前兩章看到的情況，是之前任何社會都未曾發生過的。為了從更廣泛的視野觀察，我們可以想像一小群時空旅人，從我們故事開始時也就是一九五〇年代初期，穿越到二十一世紀的新世界。顯然，他們對於世界的變化必然有無限的驚奇。他們很自然會驚嘆所有讓人訝異的科技創新，那些創新讓人類的生活變得他們幾乎認不出來了。他們也驚訝於二十一世紀的世界那些許多人正享受著的物質繁榮。

但是，等他們更了解人們是如何生活在這個看似烏托邦的新社會後，最讓他們驚訝的可能是發現，他們在一九五〇年代初期所遵循的許多道德價值與社會傳統的舊框架，已經消失了。那些框架原本有著未明文寫下的目的，即藉由提供社會一層保護殼，免於人們受到個人的自私自利與破壞社會的行為之傷害，並維持住整個社會。

這群時空旅人也會訝異地發現，如今各種犯罪案事件大量增加了：吸毒、賭博、隨意使用過去曾經是禁忌的髒話。最重要的是，他們可能會非常驚訝，西方社會到底是怎樣變得如此執迷於性，尤其到處充斥著各種性想像、色情影音物品，或公開討論性事，甚至在學校裡也在教小孩子關於性的事（但很少談到「愛」）；還有，性開放行為的氾濫，被普遍視為理所當然。

他們也會驚砑婚姻制度崩壞的情況，以至於英國所有結婚的人當中有四三%（美國也差不多）最後都以離婚收場，甚至有更多人是同居之後分手的。此外他們也訝異現在同性竟然可以結婚，甚至還能收養別人的孩子。

的確，這群時空旅人很可能會認為傳統家庭生活的崩壞將會對孩子造成一定的影響。他們完全不會意外那些評論者所說的，那些因為父母離異或分開而承受重大情感苦痛的孩子們，「在學校表現將會更差、更可能出現心理或情感上的問題、更可能失業或從事低技能的工作、更可能惹麻煩被警方盯上、更可能吸毒、更可能放蕩」。[1]

但是，若要說這六十年來所有發生的改變當中，這個新世界最讓他們驚訝的，應該是對過去所知的「性別」的疑慮。他們一旦知道現在流行相信男人與女人在心理上與生理上並無差別（而你可能因為否認這點而被大公司開除），應該會不可置信。可是不管到什麼地方，他們都會看見男人與女人還是很不相像，不管是外表、頭髮、衣著、聲音還是說話的方式。他們還是能看見那些在街上推嬰兒車的人中，絕大部分還是女人，於是懷疑：難道現在真的要相信男人與女人的差異沒有生物學上的根據，而一切只是「社會構造」、「性別刻板印象」造成的結果嗎？

在這群時空旅人的一生中，最重要的經驗應該是第二次世界大戰的那五年。在那艱難而充滿試煉的年代，男人跟女人都一樣要面對挑戰。許多人都知道，他們自己或認識的人隨時可能死亡，因此他們必須團結一致。對所有相關的人而言，這種堅毅的、陽剛氣質的價值，是一種義務、紀律、愛國心、責任與尊重政

---

1 羅得・萊德勒（Rod Liddle），〈離婚毀了社會。不要讓那變得太輕易。〉（Divorce destroys society. Don't let's make it easier），《旁觀者》，二〇一七年十一月二十五日。https://www.spectator.co.uk/2017/11/divorce-destroys-society-dont-lets-make-it-easier/

府的情感，這是非常寶貴的。

那時候的男人，無論是否在戰場前線服役，都會被「期待像個男人」，而且絕不會有人懷疑這句話是什麼意思。甚至在今天，我們也能在背景是戰時歲月的老電影中，看到這種形象的投射。盟軍領袖像是溫斯頓·邱吉爾（Winston Churchill）、羅斯福（Roosevelt）或戴高樂（de Gaulle），毫無疑問都充滿了男子氣慨，也具有權威。我們也看到戰後那幾年，有些男性電影巨星演繹著同樣理想的男子漢氣質，像是好萊塢的賈利·古柏（Gary Cooper）、詹姆斯·史都華（James Stewart）、約翰·韋恩（John Wayne）、葛雷哥萊·畢克（Gregory Peck）與卻爾登·希斯頓（Charlton Heston）或英國的傑克·霍金斯（Jack Hawkins）、肯尼斯·摩爾（Kenneth More）、詹姆斯·羅伯遜·賈斯帝（James Robertson Justice）及其他更多人。

讓這些演員在螢幕裡傾向於扮演英雄角色而非反派，原因之一在於：這些英雄並不只是表面上看來很有陽剛氣而已，也表現出無私、具感受力、富有同情心，並運用男子漢的力量，堅定地為他人與社會而奮鬥。就像榮格學派心理學家所說的，他們外表的男子氣慨，與內在「陰柔」的無私特質取得平衡，並朝著正面的方向發展。

換句話說，男性與女性的特質，並不局限在性別。男性與女性的心理構造可以同時具有陽剛與陰柔特質，無論他們的性別為何。基本上，特質若是涉及到力量的要素，無論男人或女人，都可以被視為「陽剛」；而另一種對於他人較為柔軟的同情與敏感，在心理學上被稱為「陰柔」。力量與對他人的柔軟情感，必須能夠平衡才成其為人，否則無論性別為何，對他人就只是個冷漠、不敏感且自我中心的存在。

與此類似，在我們大腦中進行邏輯與理性思考、關注秩序、結構與事實部分的，通常稱為「左腦思考」，心理學上稱為「陽剛」。相反，基於直覺與創造性想像的「右腦思考」，在心理學上則稱為「陰柔」。假使沒有直覺的平衡，左腦的理性思考就可能使自身僵化，無法觸及現實的真相。

我們心理運作的這些不同面向，也都同樣適用在男性與女性上。要成為有活力、成熟且負責的人，陽剛與陰柔特質必須取得平衡。男性可能很自然地易受心理的陽剛面影響，但這必須跟內在的陰柔特質——也即榮格所謂的「阿尼瑪」（anima），體察他人與廣泛的直覺式理解——取得平衡。

同樣，一位女人可能擁有更多的創意、照顧欲及直覺，這是她心中的「陰柔」特質。但也需要「陽剛」的原素加以平衡——也即榮格所稱的「阿尼姆斯」

（animus），心智與人格的力量。每個時代都有不同類型的堅強，它也曾經讓許多女人在第二次世界大戰那幾年，發揮出內在堅強而勇敢的那個部分。

然而，從那些年旅行到今日世界的時空旅人會發現，在一九六〇年代「性革命」之後，兩性注定要「混在一起」了。男人被認為要更柔軟、更溫柔、更「女性化」。在今天這個「平等」與「女權」的新時代，那些堅定的、陽剛的紀律、權威與秩序的價值，被視為只是為了支配而用來壓迫、限制與否定生命的工具。

另一方面，女人則被認為應該更有主見、更獨立，並且能以與男性相同的條件跟他們比拼。但這裡也種下了導致多衝突的種子，最終，造成了政治正確的團體迷思，為人們帶來痛苦又分歧的困惑。

## 失去的「陽剛」與「陰柔」

這種鼓勵兩性趨同的現象，在心理學上極有啟發性，但這種啟發並不在於它要求男人與女人之間或「陽剛」與「陰柔」要素之間取得平衡，而是顯示出：它同時失去了這兩者。

當男人失去跟他們的陰柔面（他們的阿尼瑪）接觸的機會，往往會陷入單向的「男性沙文主義」，根據基爾那樣的女性主義者所描繪出的形象，那是所有男人典型的無感狀態。但是若男人無法適當發展他們的陽剛特質，就很可能以同樣的方式呈現出柔弱與「女性化」的一面。他們會欠缺個性，受制於「負面的阿尼瑪」——軟弱、猶豫不決、易怒、憤恨不平，就跟只有陽剛面的男人一樣，以自我為中心。

情況顛倒過來，我們也會看到女人因此失掉她們內在的性別平衡。當基爾與女性主義者爭論，女人應該變得更有主張、更有競爭性時，她們也同時拒絕了她們自己更為柔軟、更無私的陰柔面。她們蔑視這種同情心與直覺想照顧別人的特質，因為基爾認為，這只會讓女人更軟弱且順服，讓他們被自我中心、無情的男人所支配。

女性主義者主張，女人應該忘掉自己的陰柔特質，忘掉那些傳統的觀念，包括以家庭生活為重心、扮演堅強與照顧人的母親與祖母、當一個深愛丈夫的妻子、照顧病患的護士、樂於助人的鄰居，以及歷代幾乎所有社會中讓她們覺得獨特又重要的「另一半」的角色。

取而代之的是，她們發出新的訊息：女人必須只靠她們阿尼姆斯的更具侵略性的價值而活——也即她們內在的「陽剛氣質」。然而一旦失去女性特質，結果就是使她們陷入榮格所稱的「負面阿尼姆斯」：女性心理中那種使她跟單面向男性一樣急於控制和支配的元素。而且，跟男人不一樣的是，女人通常比較不能憑力氣獲勝，所以她的負面阿尼姆斯會嘗試以嘴巴來進行支配。她將變得難以相處、好議論、容易覺得被冒犯、想像自己以男性論理的口氣說話，但她沒注意到，自己正陷入負面的阿尼姆斯越來越深，她變得越來越獨斷且不理性。

一旦我們了解這些性別失衡的真相，我們就越能清晰理解那種失衡會帶給我們的困惑。例如：當溫斯坦與其他男性的「性害蟲」被揭露，顯示出他們完全不知如何以合理、成熟的方式對待女性，這是因為他們無法與自己內在陰柔特質的同情心連結。這也就是為什麼他們總是蔑視女性，認為那是他們狩獵的目標，用來滿足他們的自我。他們那種萎靡、單面向的陽剛氣質，使他們在感情上有缺陷、不成熟，而且完全以自我為中心。

同樣我們也能了解到，如果鼓勵男人們不要接觸他們陽剛氣質的機會，讓他們變得更「女性化」會有什麼後果。我們可以藉由比較兩類英國警察的形象，來觀察過去六十年來社會有什麼樣的變化。在一九五〇年代，英國廣播公司有個頗受歡迎的電視影集《警察狄克遜》（Dixon of Dock Green），展現出當時理想化的普通警察的形象，堅定而剛毅，但同時也是和善而體貼的父親。無疑的，身為警察時，他必須堅定而公正地執行法律與秩序，以此保護身邊的社會大眾。

將這種形象與第一章提過的英國警察的形象做比較，也就是二〇一七年，英國警方被期待穿女人的高跟鞋遊街，或秀出他們的藍色指甲油，藉此提升社會意識——讓人意識到男人對女人的家庭暴力，或美甲店的奴工問題。當時，有民眾挖苦地在推特上貼文說：替一些罪犯塗指甲可能效果更好。最後這些警察因為變得過於「女性化」，以致於他們只能憤怒地在推特上回覆說，那類貼文可能構成「仇恨犯罪」。

從更廣泛的角度，還可以對比戰爭年代英國那些穩重、展現出明確陽剛氣質的政治領導人物，以及後來幾十年轉變為那些輕飄飄、乏味的男性政治人物。這也是為什麼在二十一世紀初議會的整體聲譽前所未有地持續下滑的原因之一，因為下議院充滿了一九六〇年代之後形塑出來的人格價值的議員。在布萊爾與卡麥隆主政的年代，對政治人物的尊敬（如果還有人尊敬的話）已經少到不能再少了。人們經常只在意政治人物的形象與影響力，而非真正的內涵或道德原則。表現出政治正確的樣子，已經成為當時的最高命令，對每個議題，從「多元化」到同性婚姻，再到未深思熟慮地相信「是人類造成氣候變遷的」。男性權威被漸漸削弱了，這只要觀察英國國民日常生活中的每個領域都可以觀察到，即使是許多著名的男性也是如此。

跟上述狀況幾乎同時發生，女性越來越執迷於「讓女人跟男人一樣」的驅力之中。她們一再施壓，要求讓女人進入原本男性占多數的職業，從政治領域到大公司董事，到警察、軍隊及其他許多行業。

有時這種情況運作得不錯，就像「鐵娘子」柴契爾夫人的情況，她跟世界上其他強而有力的女性領導人，像果爾達．梅爾（Golda Meir）或英迪拉．甘地（Indira Gandhi），心理都有強烈的「陽剛」成分，使她們的男性同僚相較之下較為柔弱，讓人感覺好像英國的男性政治人物越來越不得體、不像男人，同時也使她們的地位越來越高，擁有能提供男性所欠缺的，有原則的信念與人格力量。強大、有能力且在心理上平衡的女性，在許多其他原本由男性主導的領域，似乎也有顯著的進展。從醫療、自營的商業活動，到工程領域與飛行員，都是如此。

但是，如果要使這種運作有效，成功的關鍵也是在於「心理平衡」。如果只是基於政治正確，情況往往是讓那些不靠實力而是性別的女性升遷到責任更重大的職位，但那些女性的成果經常讓人印象不深。

當柴契爾夫人就任首相時，她是國會僅有的十九位女性下議院議員之一。到二〇一七年，下議院的女性議員人數已經增加到二〇八位，將近下議院的三分之一。在此同時，國會在一般大眾的名聲已經顯著下降，儘管相較於男性議員，這些出現許多刻薄、頑固、每個都大同小異的「新女性」，但對於恢復社會大眾對政治人物的尊重，同樣無能為力。她們也不再以獨立的個人、獨立的判斷為民眾挺身而出，如女性議員遠為稀少的年代裡，無論工黨或共和黨的許多女性議員會做的那樣。

同樣黯淡的是，現在所有被各黨各派推派出來管理公共服務部門、政府機構或其他公部門的政治正確女性之表現。因為性別關係，有些人時常還會輪過一個又一個的高階職位，以致於被戲稱是「準女王」。但是這些女人幾乎一成不變地由她們的阿尼姆斯所驅使，自以為是大人物。但實際上呢，並未獲得部屬多少的尊重。她們本身就跟任何軟弱且無能的男人一樣，才不配其位。為了堅持「性別平等」而允許女人在軍隊跟男性將士一同在艦艇上或戰鬥區域服務的後果，時常極具毀滅性。

團體迷思的第一個特徵是，從未恰當地植根在現實之中。在意識形態上特別去追求兩性之間的「平等」，很大的程度上只是基於團體的自欺欺人。不只是失去男人正面陽剛的信心與權威感，太多頑固、由阿尼姆斯驅動的女性被鼓勵與男人「平等」競爭的結果是，還失去了她們無私的、具有同情心的陰柔面向。

不管哪一種，結果都一樣。這些狀況無法贏得心理平衡與成熟所帶來的尊敬。就像一九五〇年代初期之後幾十年來，社會中的其他許多情況一樣，造成的結果就是人們無論在性格的陽剛面或陰柔面，都未充分發展，而是陷入一種不成熟心理，最終只讓他們關注自己本身。

## 虛假的情感與自我的集體化

我們確實有理由主張，相較於以往任何時代，當代西方社會更廣泛地容許各種人類自我的表現方式。早從一九七〇年代開始，湯姆・沃爾夫（Tom Wolfe）就寫了一篇著名的文章討論美國社會的狀況，且適當下了標題：以我為中心的十年（The Me Decade）。此標題其實也適合描述那之後的任何一個十年。

但這並不表示「陰柔」的感受及其價值已經消失了。相反的，就某方面而言它成為了我們世代最顯著的特徵之一。想想一九九七年威爾斯王妃戴安娜（Diana, Princess of Wales）與她最後的戀人，於巴黎死在由酒醉司機駕駛的汽車裡，當時一股集體情感橫掃整個英國。如同布萊爾所尊稱的「人民的王妃」之死亡，帶來最顯著的情景就是大量的獻花、人們大排長龍簽署弔唁冊、店鋪窗戶公開展示慰問卡，以及許多節目一再討論這個震撼事件，均顯示出英國前所未見的集體情感。的確，過去對皇室成員的過世也有過莊嚴肅穆的全國性追悼，但作為群眾心理的現象，媒體是持續不斷地報導這個事件，甚至許多人還批評女王並未讓白金漢宮（Buckingham Palace）降半旗，以「表示她的哀傷」，表明此次事件極不尋常的一面。

二〇一五年，法國諷刺雜誌《查理週刊》（*Charlie Hebdo*）中定期刊登了粗魯不堪、褻瀆先知穆罕默德（Prophet Mohammed）的漫畫之後，阿爾及利亞穆斯林恐怖主義者於是殺死該雜誌社的十一位員工，此事件也引起社會大眾類似的群眾反應。

當然，這絕不是要讓恐怖分子的行為正當化。但是，如同過去時常出現的情況，如果某個團體的團體迷思，就是刻意要挑釁，就只會激起另外一個團體更極端的回應：恐怖主義者的心理，也深深陷在他們自己的團體迷思裡。

事發後的那個週末，兩百萬人湧上巴黎市中心，好幾個小時喊著「我們都是查理」，並聲稱「團結以對抗恐怖」。在此同時，世界上四十位領導人聚在一條一端被封住的街道，參加一場謹慎安排的攝影活動，當時成了全球的頭條新聞。雖然很肯定的，這些政治人物之前幾乎沒聽說過這本小雜誌，但他們現在卻急於宣稱在法國——這個主要報社能獲得豐厚的政府補貼以確保產出西方民主社會最無恥的政治新聞的國家——他們共同支持「言論自由的權利」。

這兩起事件及其他相似的事件，都存在一股深深的、能影響人心的普遍情感。任何人若不跳進去擁有相同情緒，就會被指責為欠缺對人類的敏感。但是，這些從眾情感的表現有多少是真的出自無私之心呢？或者，就只是勞倫斯所預示的例子（本章一開始所引用的），「再也沒有另一個時代比現在更缺乏真實情感、更加誇大自己真心以外的虛偽情感了」。

情感，是我們心中非常強大的力量，而且能脫離他的對象，讓它本身成為目的。那些喊著「今天我們都是查理」的群眾，與加入這場出於私利的拍照活動的政治人物，已不再具有真實的個人情感。他們不再能體驗到第一次聽到那個暴行時感受到的那種恐懼。他們已經提升到另一種完全不同的狀況：大批的群眾展示出一種共通的情感，就像勞倫斯所說的，在極度的「虛偽情感」裡「浮浮沉沉」。

接著討論情感是如何被「開啟」或「操縱」的。這也是為何我們會因為感人電影而哭泣的原因，即便那些只是虛構的影像，與我們個人的情況或任何真實性都無關聯，但這就是我們所說的「多愁善感」。它藉由讓我們陷溺在偽造的情感之中，啟動我們的真實情感。

最能觸動我們情感的就是無辜者受苦的影像。這也是為什麼我們當代的媒體總是充斥著這種情節：訪問那些受到恐怖主義者攻擊的人、因內亂而受苦者、造成數千人死亡的饑荒或其他天災的受害者，並為他們拍照。當這種撕心裂肺的事件登上新聞，就會有數百萬英鎊的慈善組織趕緊刊登廣告募款，因為他們知道這會吸引社會大眾去捐款。當然，我們自己會因為這些事件而觸動情感，這是我們人類內心最深處的本能。至此，我們可以討論到政治正確背後的本質。

任何形態的政治正確背後，都會將世界分成兩群，而政治正確的訴求總是會訴諸我們對其中一群人的同情本能，那群人即「被害者」——受到某種壓迫、偏見或歧視的人。一旦團體迷思介入其中開始運作，就連「被害人」自己也能將其受的苦痛「感傷化」，而那些動員支持他們的人當然也可以。

另一群人則是被視為「應該為受害者的苦痛負責」的人。這就是與團體迷思不可分離的「情感滿足」——必須對那些無情、自我中心的「別人」，表現出道德優越的蔑視態度。因為他們認為那些人就是不了解，所以可以被忽略、被貼上「性別主義者」、「種族主義者」、「偏執狂」、「恐跨性別者」、「法西斯主義者」或任何輕蔑的標籤。至此，已經與原先的實際情況無任何連結，鬥爭本身成了目的。

他們將那些邪惡的別人，貶低成有血有肉卻無情的敵人，並由此產生自以為是的滿足感。團體迷思的最大特徵之一，就是有許多簡單好用的標籤——就像詹尼斯所說的，化約成一種「非人化的偏見」。他們對敵人必須用極冒犯的方式加以諷刺，根本不該容許反對者說話。反對者不能被容忍，他們「不能有任何平台」。

比起別的，這點更為重要，因為它顯現出團體迷思的另一個重要特徵：將所有支持者緊緊關連到團體的自我主義。截至目前為止，我們看到的每個例子都有這種情況。畢竟這就是人們所知的「身分政治」的核心：依靠你加入的小圈圈的共享身分。例如如果你是好戰的女性主義者，你就不只是女人，而是女性主義者女性。如果你是好戰的黑人運動者，你就不是個別的人，最重要的是你是憤怒的黑人，就像如果你是白人至上主義者，或馬克斯主義者、納粹主義者、恐怖主義團體成員那樣，比起其他事物，這才是定義下的你的身分。

因此，那些被團體迷思牽著走的人，必須讓自我屈伏在團體的自我之中。他們所共享的身分，有助於提升他們原本自己的重要性。於是身為群體成員這件事，讓他們沉醉其中，不只因為他們共享某種道德狀態，而且同樣重要的是，對那些不支持他們道德原則而可加以輕蔑的圈外人，展現出憤怒之情。

團體迷思的思維是分化的，因為它將世界分成群內與群外，「我們」與道德上較卑劣的「他們」。這也是為什麼政治正確與一九六八年之後盤旋不去的新馬克斯主義世界觀如此搭配。因為它們擁有共通的心理狀態，也即：將所有社會問題，化約成列寧著名的提問所反映出來的長期權力鬥爭：「誰是主體？誰是對象？」誰握有力量與特權，他們對沒有的人做了什麼？

在所有政治正確背後的，都是同一套關於偏見的圖像：社會上分成兩群人，一群握有權力，他們濫用權力使另一群人受害。就像基爾在一九七〇年所寫的，「女人是唯一真正的無產階級左派」（雖然其他「被害者群體」可能不認同）。馬克斯主義者對此問題的回答當然是，受害者必須站起來，自己奪取權力，然後創造更好、更幸福的世界。

如果前面我們提到的時空旅人，想知道二十一世紀的社會比起一九五〇年代初期那段蕭條、匱乏的年代，是否更加幸福且更加輕鬆地生活，他們會發現，答案是正反都有。對許多人來說，比起那段遙遠而艱困的時代，生活無疑變得更加輕鬆。雖有部分例外，但不同族群之間的關係，顯然在許多方面變得更好。過去那些社會階級之間的分化，也在相當程度上解消了。社交關係整體而言比較隨性且輕鬆。但人們也不應該說那些一九五〇年代初期有著強烈影響力的價值已經消逝了。在二十一世紀的英國與美國，有將近一半的已婚人士最終都以離婚收場，這確實是衡量社會風俗變化的指標之一。但這表示仍有超過半數的婚姻能存活下來，當中許多夫妻也都承認自古以來的真相，也即男人與女人，確實在心理上有很大的不同，他們也互相需要彼此（無論是本能上、生理上、社會上或心理上），才能成為完整的人。

然而在其他方面，二十一世紀初期的生活並非那麼幸福。生活變得更對立、更緊繃、更讓人困惑。在第一章的一開始，我曾經引用一位記者在二〇一七年提出的問題：「為什麼近來我們如此憎恨彼此？」如果他的問題合理，那麼答案中有很重要的部分在於，到處泛濫、分化人心的團體迷思。

最明顯的就是網路。科技在許多方面都非常有用，在這個自拍盛行的年代，臉書與推特也給了人類自我全新的表現機會。例如，它大幅提高了取得色情資訊的機會，而那是最以自我為中心的、有關性的自欺欺人。那種認為男女之間的差異只是「社會建構」的想法，與幾百萬男人盯著裸女影像就能得到性滿足的事實，顯然相互矛盾。那不是因為男人經過了社會化而有此種結果，而是因為男人的基因設定就是看到女性裸體便會有性慾（相對的，女性看到裸體並不會挑起那麼強烈的性慾）。更普遍地說，網路已經將「社群媒體」轉變成「反社會的媒體」，讓許多人有機會以前所未有的方式擴張他們的自我，無論是個別的或集體的，甚至可以用前所未有的方式傳播他們對他人的不寬容。

一九六〇年代的人們原本夢想從舊的社會制約中解放出來，結果，卻創造出一種新的社會與心理監獄。這種集體的自欺欺人，最終必然互相衝撞，產生許多未預期且棘手的現實情況。

在本書下個單元，我們將會擴大團體迷思的討論範圍，對此我們必須考量最可能誘發各種形式的團體迷思、並使其大行其道的一些特定情況。接下來，我將帶讀者走一趟歷史之旅，看一看團體迷思支配社會的極端例子（但排除極度不寬容的變態宗教行為）及其對社會造成的影響。之後會提供更多例子，說明團體迷思如何變成我們時代中非常顯著的特徵。

第二部

# 歷史上的團體迷思

# 第四章

# 夢想如何變成夢魘？

在那黎明，活著已是萬幸，若依然青春，更恍如置身天堂。

威廉．華茲渥斯（William Wordsworth）

《序曲》（*The Prelude*）

達官顯貴與詩人、國王及人民心中都有巨大的騷動。依照普遍的說法，沒有任何已確立的事物會被容忍。那是承諾的新時代，世界將要翻新。

威廉．哈茲利特（William Hazlitt）

《活著的詩人》（*On the Living Poets*）

我們之後可以說，在我們所有的革命中，有種傾向是權力由右派移動到中心，再到左派，從擁護舊制度的保守派，轉變為溫和派，再到激進派或極端派。隨著權力依此路線移動，它將越來越集中，縮小了國家與人民之間的基礎。

克蘭恩．布林頓（Crane Brinton）

《革命的解剖學》（*The Anatomy of Revolution*）

像土星那樣，革命吞噬了自己的孩子。

雅克．馬勒．杜潘（Jacques Mallet du Pan）

一七九三年

我們的時代為什麼這麼容易被團體迷思挾持？原因之一在於，過去六十年來，這世界經歷了最頻繁的變動時期。一方面是戰後初期科技驚人的發展，使得過去較無想像空間、長期穩固的事物、假設與價值，像雪那樣消融了，許多熟悉老舊的參考基準都消失了。在這樣迷亂、新穎又陌生的世界裡，原本協助人們理解事物、使他們確認事物的舊有心理與道德框架，也被移除了。人們越來越傾向於接納他人希望他們思考並相信的事，即媒體和令他們迷醉的時代新精神告訴他們的事。

美國社會學家大衛．理斯曼（David Riesman）在他著作《孤獨的人群》（*The Lonely Crowd*）中，將生命價值與信念的主要來源分成三類，並以此理論著稱。在人類歷史中，大部分時候人們主要是「傳統導向」，也就是接受其出生的社會之傳統，與長期以來確立的習慣所傳遞給他們的價與信念。然而，在變動的時代，人們可能變成理斯曼所稱的「他者導向」，他們會接受周遭人與時代的新氣氛帶給他們的流行價值與信念，因此尤其容易受制於不同形態的團體迷思。

接著是理斯曼提出的第三種，人數較前兩者小得多的類型，也就是「內在導向」。人們生命依存的價值與信念，是他們個別理解、思考之後得來的，因此他們往往有能力去質疑周遭的團體迷思。

當然，歷史已經提供我們許多例子，說明在頻繁變動的期間，具有高度感染性的「他者導向」的團體迷思，可能帶領大批的群眾走向他們無法預見的後果。有一個特別生動的例子是，一六四〇年代的英格蘭與一七八九年之後的法國，還有一九一七年之後的俄羅斯大革命浪潮所展現的團體迷思形態。

## 三場大革命的時代

在以上三個異常動盪的時期中，我們都可以看到活在一個傳統導向社會的人們，如何開始反叛長期以來已然確立且被他們視為制約與壓迫的統治秩序。在這些革命時代中，舊有秩序被更大的自由（權利、自由、博愛）挑戰。然而，儘管一開始看來是給人們一個更好未來的夢想或更少約束的世界，但那些激進改革的人們，一旦取得掌控權，就會發展出自己的動能，進而提出越來越極端的要求，直到舊秩序完全被推翻而新秩序興起，新秩序甚至比它所取代的舊秩序更加壓迫、更不寬容任何異見。

在《革命的解剖學》中，美國歷史學家布林頓追溯了這三個動盪時期背後的模式：它們都有特定的基本要素，即使他們並非按照相同順序出現。但是在關鍵面向，他們的進程與最終的結果是非常相似的。

## 1. 十七世紀的英格蘭

在三場革命中，第一場是對國王查理一世（Charles I）專制權力長期醞釀的不滿與怨懟，最後在一六四一年，當時英格蘭國會團結起來對國王的權威發起有計畫的挑戰。最初，查理一世被迫讓步，將自己兩位最有權勢也最不受歡迎的顧問關起來，其中一個很快就被斬首，另一個後來也是。但是隨著國王與國會的關係日益緊張，一六四二年夏天，引發了這場革命的第二階段，即爆發內戰。

國家一分為二，分成支持舊秩序的人與期待建立新秩序者。保皇派（Royalists）與國會黨（Parliamentarians），任一邊都執迷於自己的團體迷思之中，越來越多人甚至將以前的老朋友與鄰居視為仇敵。兩年內，保皇黨獲得了軍事上的勝利。但是到了一六四四年，在奧利佛・克倫威爾（Oliver Cromwell）指揮下的國會軍，日漸被狂熱的清教徒（Puritans）掌控，整個情勢逆轉過來。一六四五年，歸功於克倫威爾紀律嚴明的新模範陸軍（New Model Army），國會取得勝利。一六四六年，國王事實上已成為階下囚。

舊的社會框架消逝後，新的是什麼呢？克倫威爾的陸軍比許多國會議員更加激進，卻仍以這些議員的名義行事。內戰的結束造成像是平等派（Levellers）這類更多、更極端的倡議團體提出洶湧而至的要求，使革命更加激烈地追求更重大的普遍權利。

然而，當時國會的溫和派仍掌控局勢，希望建立新的君主立憲政體，讓國王能留在王座上，卻受到國會更強的控制。一六四八年，英格蘭面臨蘇格蘭為支持國王而入侵的這個外在威脅，於是第二場內戰開始了，而克倫威爾的陸軍再次獲得勝利。這樣的外力介入，觸發了新的、更激進的革命時期，使更極端的觀點大肆流行。

一六四九年一月，克倫威爾與他盟友處死了國王，並宣布英格蘭成為共和國，由國會統治。但隨後，蘇格蘭再次入侵，這次由查理的兒子領軍，克倫威爾將其擊敗，他成為了英格蘭無可質疑的強人。

此時，清教徒已開始將他們了無生趣的信條強加在英格蘭人的生活中，從禮拜儀式到敲碎教會裡的「天主教」彩繪玻璃與雕像，再到禁止過去受歡迎的習俗與歡樂活動如慶祝聖誕節、仲夏柱舞蹈、賽馬、飲酒、演奏音樂與戲劇等等。現在，克倫威爾一步步解散國會，首先就是驅逐殘存的非清教徒溫和派，接著，在一六五三年則完全關閉了「殘缺議會」（Rump）。他以「壓制邪惡並鼓勵美德」的名義，任命自己為護國官（Protector）（後改為護國公〔Lord Protector〕），讓全英格蘭都受清教徒大將軍的軍事統治，他不必對任何人負責。

但是，英格蘭人對於這幾年的變動、衝突與失序已漸漸感到厭煩。面對比發動革命所要挑戰的舊政府更明顯的專橫政府，許多人開始渴望回到更平靜、較少衝突的時代。因此，克倫威爾於一六五八年死後，因為留下幾近真空的權力狀態，英格蘭人歡欣鼓舞地迎接查理二世為他們合法的國王。至此，激烈革命時期那種極端的自欺欺人已經耗竭，修正後的舊秩序則恢復過來。

## 2. 十八世紀的法國

一個半世紀後，我們在法國大革命看到了同一種模式但不同版本的發展。同樣，革命發起者的團體迷思依然得勢，溫和派逐漸被更小、更狂熱的一群極端分子取代，而那些極端分子後來一個接一個垮台，直到革命結束。

就像在英格蘭那樣，在法國大革命的第一階段，我們看到不滿的情緒在一七八九年找到它的著力點而爆發了普遍的憤怒，這次，不只是針對專制的國王路易十六，而且是以自由為名對抗法國支配整個社會的秩序。在一種歡欣的自由氛圍下，人們將君主的權力與特權、貴族制與天主教會視為極端的束縛。這就是華茲渥斯後來回想時所說的：「在那黎明，活著已是萬幸」。

革命的第二階段持續了將近兩年，這時期針對法國應該由哪一種形態的政府來統治，進行了冗長的爭辯，並由相對溫和的保守派主導，他們非常樂意見到繼續採用限縮權力的君主立憲。但是反對他們的是一群抱持更加激進觀點的人，之後，激進派又分成兩群：吉倫特黨（Girondins）與由羅伯斯比爾（Robespierre）領導的、更為極端的雅各賓黨（Jacobins）。一七九一年，國民議會（National Assembly）終於同意制訂新憲法，讓國王繼續留任，路易原本準備簽署了，但之後他與他的家人試圖逃出國，最後被逮到並送回巴黎，扣押在杜樂莉宮（Tuileries Palace）。

就像發生在英格蘭的情況那樣，新的因素介入了，也就是外國武力的威脅。普魯士與奧地利宣布支持「陷入困境的君王」，因此為了前景，必須抵抗外國軍隊，於是觸發革命進入新的、更激進的第三階段。

一七九二年夏天，一支奧地利軍隊進入法國，宣稱如果路易與他的家人受到任何傷害，「一場懲戒且永遠被會記得的復仇」就會隨之而來。這個行動引發了巴黎人對國王的極度憤怒，羅伯斯比爾的盟友丹敦（Danton）設立巴黎公社（Paris Commune），以搶奪城市的控制權。八月，丹敦公社的成員襲擊杜樂莉宮，大肆殺戮國王的瑞士近衛隊（Swiss Guards），並迫使路易與他的家人逃向國民議會，尋求庇護。但國民議會的回應是暫停君主制，並將皇室成員送到中世紀留下來的監獄裡。當普魯士軍隊也進入法國，並被擊敗，一個新設立、由吉倫特黨控制的國民公會（National Convention）宣布法國成立共和國。

然而，吉倫特黨與羅伯斯比爾帶領的極端的雅各賓黨，以及他們的公社盟友之間，產生了分裂。隨著巴黎革命狂熱的情緒更加高漲，羅伯斯比爾呼籲，必須將路易十六處死。一七九三年，路易十六被送上斷頭台，台下則是一群歡欣鼓舞的群眾。

接下來的四個月，法國西部竄起一位保皇黨首腦，吉倫特黨與雅各賓黨的關係瀕臨決裂。五月，羅伯斯比爾呼籲起義對抗公會，一週之後公社的支持者掌控了公會，強迫其成員投票通過逮捕二十九位吉倫特黨的領袖。

巴黎的這場政變引起全國的示威與反抗。此時，雅各賓黨的願望是要消除舊機制的每一項最後殘跡，從基督教到法國整個傳統的度量衡（還有其他許多事物）。幾乎法國人過去生存的整個傳統心理世界，都要從零開始。

九月，公會通過「嫌疑犯法令」（Law of Suspects），允許逮捕並審判任何被懷疑對革命不忠的人，這標示了革命第四階段的開始，被稱為恐怖統治（Reign of Terror）的夢魘。一個月後，新政府將瑪麗．安東尼（Marie Antoinette）送上斷頭台，接著是二十一名吉倫特黨的代表，還有更多吉倫特黨的支持者，包括羅蘭夫人（Madame Roland），她在斷頭臺上呼喊：「自由，多少罪惡假汝之名以行之！」就像保皇黨杜潘從英格蘭出逃時曾經說的名言，革命正「吞噬自己的孩子」。

即使丹敦「容忍反對者」與「國家和解」的呼籲徒勞無功，但雅各賓黨人的團體迷思更進一步地被強化了。巴黎仍繼續將「革命的敵人」送上斷頭台，一場又一場的叛亂被無情鎮壓。旺代（Vendée）叛亂被壓制後，有超過一萬六千名囚犯被屠殺。歸功於一位年輕但還未發跡的砲兵軍官拿破崙．波拿巴（Napoleon Bonaparte）的戰術，才能從反革命派的手上奪回土倫（Toulon），而波拿巴幾個月之後也獲升為將軍，掌管巴黎的革命軍。

一七九四年，當巴黎所有的禮拜堂都被關閉，而聖母院大教堂（Notre Dame Cathedral）被重新指定為「理性殿堂」（Temple of Reason），憤怒之風狂掃全國。

三月，羅伯斯比爾在公共安全委員會（Committee of Public Safety）之下設立了祕密警察，並向國民公會宣稱「革命中的平民政府之基礎是道德與恐懼，革命政府是壓制暴政的自由專制。」

越來越多的革命者現在被革命法庭（Revolutionary Tribunal）送上斷頭台，包括丹敦。六月與七月，被處死的人多於先前十四個月的總和。公會使自己有權逮捕自己的成員。

最後，在七月二十六日，羅伯斯比爾在公共安全委員會做了一場煽動性的演說，要求懲罰「背叛者」。第二天，公會投票通過逮捕羅伯斯比爾，兩天後，七月二十八日早上，他與他親密的支持者被逮捕，不經革命法庭審判立即處死。那晚，他二十一位親密的支持者也都被送上斷頭台。

革命離開了法國。此時，革命與一開始那些自由、平等與博愛夢想，與現實產生了牴觸。那時人們有個明顯的現象——部分變成所謂的「熱月黨人的反應」（Thermidorean reaction），即放肆投入「道德統治」時期禁止的每一種世俗享樂，包括放縱飲酒、賭博、男女之間隨意苟合。

接著幾年，法國在群龍無首的五人「督政」之下，蹣跚前行。唯一的團結力量是在波拿巴將軍領導下，法國軍隊在義大利打敗了奧地利軍隊，以及之後在一七九八年，他占領埃及，為國家贏得驕傲。但因為他離開了義大利，法軍後來又在義大利被擊敗。最後，一七九九年，拿破崙從埃及返國發動政變，讓他自己成為法國新的統治者。

### 3. 拿破崙的興與衰

雖然拿破崙的興起不能呈現屬於革命年代特徵的那種團體迷思，但他在我們的故事中占有非常重要的部分。就像在他之前的克倫威爾，作為「強人」介入了革命時期混亂的真空狀態。他擔任將軍、具備的傑出技能，並贏得驚人的軍事與政治勝利。還有他永不滿足的自我，點燃了受法國人的集體自大。他的事業以一種不同的方式，反映了革命年代的團體迷思如何以理想主義的夢開始，最後讓法國陷入自我毀滅的夢魘。

超過十年以來，法國的新統治者征服歐洲許多地方時，似乎都會享受某種夢想般的成功，並一路宣稱自己為皇帝。但是在這種無止盡的野心的本質中，並沒有使那些人滿足而停止下來的點。它持續膨脹，直到最終，超過了限度，也就是古希臘人所稱的傲慢，而帶來不可避免的失敗。

拿破崙在一八一二年，為了因應俄羅斯可能侵入他的歐洲帝國，他決定先侵入俄羅斯。雖然一開始是不可置信的勝利，他的大軍團（Grande Armée）可以說所向披靡，一步一步走向俄羅斯冬天的冰封荒原，但卻在那裡，最終發生地獄般的撤退行動。拿破崙在酷夏中帶往俄羅斯的四十萬男人，最後只有四萬人活下來。

此時，現實從四面八方終結了拿破崙的自欺欺人。最後，幾乎歐洲的主要強權都團結起來反抗他的狂妄自大，迫使他在一八一四年退回巴黎並退位，然後他被放逐到厄爾巴島（Elba）。即使他享受了最後一段短暫的夢想變為夢魘的「百日政權」——他逃出厄爾巴島重掌權力，但最後，滑鐵盧（Waterloo）一役之後，被永久流放了。再次地我們看到，就像一六六〇年的英格蘭那樣，這為君主制與革命前的舊秩序重新鋪了路。

## 4. 二十世紀的俄羅斯

就在一個世紀之後，我們看到俄羅斯團體迷思的另一種變形。這次，混亂、騷動與長期的不滿，在一九一七年二月找到它的聚集點，引發了大規模的示威，以對抗沙皇尼可拉斯二世（Tsar Nicholas II）專制政權下的統治秩序。但其中有兩個極大的差異點。

其一是在列寧的布爾什維克黨（Bolsheviks）裡有一小群團結而有紀律的極端主義者，他們有著明確的馬克斯—列寧主義的目標，長期等待著攫取權力。另一點則是當時機一到，他們就立刻抓住機會，並建立了無情且全面性掌控的政權，以致於沒有造成新政權很快自我毀滅的狀況，而是持續了數十年。

俄羅斯在一九一七年一度面臨極大的混亂，因為它鬆散的軍隊在對德戰爭中敗退，當二月革命（February revolution）發生時，很快就讓沙皇決定退位。在大膽且不成熟的期望之下，新的俄羅斯共和國開啟了短暫的國會溫和統治。但新的、更加民主的社會之夢想，很快在十月革命（October Revolution）中被粉碎，因為布爾什維克奪取了政權。

舊秩序的垮台，再次促使紅軍與意圖恢復舊體制的白軍進行血腥的內戰。但歸功於列寧最幹練的將軍托洛斯基（Trotsky）的軍事能力，布爾什維克勝利了，使列寧能以「無產階級專政」（the Dictatorship of the Proletariat）之名摧毀舊社會秩序的一切。在他一九二四年過世時，甚至已經征服大部分從舊俄羅斯帝國脫離的新獨立國家，並在鎚子與鐮刀的「夢想標誌」下成立了蘇維埃社會主義共和國聯邦（Union of Soviet Socialist Republics），也即蘇聯（USSR）。

當史達林（Stalin）將托洛斯基排擠出領導階層之後，便逐步收緊他的極權統治，成為世上前所未見的團體迷思之典範。私人事業被廢止、私有財產被沒收，以新的共產主義無神論準宗教之名，將其他宗教全部變成非法。

由於過去已經有許多宗教，為了維持強制的「共識」之新幻象，做法就是不斷將各宗教打成「異端」，持續加以詆毀並無情將它們消滅。到了一九二七年，史達林覺得自己已經夠強大，於是將他的老盟友托洛斯基與他身邊一群「反對主義者」（Oppositionists）排除在他強大的政黨之外，將其視為異端放逐國外（之後在墨西哥被史達林祕密警察特工謀殺）。

一九三〇年代初期，史達林推動農業集體化，並徵收農民的土地與穀倉，於是在烏克蘭造成大饑荒，立刻造成數百萬人被餓死。一九三六年，這場革命開始嚴重地「吞噬自己的孩子」，在史達林為期三年的「大恐怖時期」（Great Terror），他以強烈的復仇心對待數百萬人，包括他的「老布爾什維克」同僚及無數的共產黨員，最後也清算幾乎全部的紅軍資深軍官。

這是發生在俄羅斯，而且類似雅克賓黨的恐怖統治，但是俄羅斯的規模及其狀況絕對更糟。當時，蘇聯最大的罪刑就是被史達林無所不在的祕密警察內務人民委員部（NKVD）懷疑有任何不服從黨的「正確思考」。這不只包括任何批評史達林新的社會主義烏托邦的言論，也包括任何生活瑣事。誰都不准說或思考不符合「正確思考」的事，徹底譴責所謂的「個人主義」異端。最重要的觀念是，人們必須在心理、精神與靈魂上都屬於團體。人們只能寫或讀官方指定的書，只能創作被准許創作的音樂，畫家必須遵守官方規定的「社會主義現實」畫風，甚至科學法則現在也由黨來決定。

就像歐威爾在《一九八四》裡生動描述的定期「仇恨大會」，史達林創造的新世界夢魘，煽動了人們對「人民公敵」的憤怒，指責那些人不斷「破壞」革命的理想。此種仇恨的對象一貫被化約成詹尼斯所說的「去人性化的偏見」，被妖魔化為「顛覆分子」、「叛亂者」、「布爾喬亞反動派」、「外國間諜」，甚至「資本主義者帝國主義的走狗」，總之任何可以被貼上標籤的都貼了。在大部分類型的團體迷思中，只要是被貼標籤，就可預期將會被逮捕、監禁、槍斃，或送到全蘇聯境內越來越擴張的地獄般的監獄與集中營，也就是後來人們所稱的「古拉格群島」（Gulag Archipelago），加入其他被迫害者的行列。

共產主義所仰仗的團體迷思還有另一個難以撼動的層面，也就是，它宣稱革命完全是為了解放並給那些社會底層被壓迫的「受害者」一股力量，受害者是指俄羅斯數百萬的工人與農民。整個革命前的舊有秩序框架可能已經完全被掃除了，但是新的蘇聯事實上沒有人承受比那些工人與農民更大的痛苦，共產主義者只是拿那些人當作一種抽象概念，以使馬克斯主義者得以正當宣稱「為了解放受壓迫的廣大群眾，為了讓他們不再承受生命中悲慘的一切事物」這種自欺欺人的說法。

情況幾乎就像先前提過的革命那樣，只是舊有的統治秩序被更少數、更加壓迫而尋求永遠掌權的菁英統治者取而代之。新的統治秩序延續了七十年。就這方面來說，俄羅斯革命與那些較早期的範例，最顯著的差異是它所造成的夢魘並未很快回歸「正常」。的確，在第二次世界大戰之後，蘇維埃共產主義體制比原先的帝國更大了一些，並強加它的團體迷思於整個東歐，而在一九四九年時，同樣的極權主義意識形態得到極為相似的結果，接管了全世界人口最多的國家——中國。

等到一九八〇年代，關於「共產主義的整個大廈都是建立在自欺欺人之上，他們只靠暴力、恐懼與無盡的謊言來維持」這點才逐漸明朗。它不再能繼續推動無止盡的運動，或鼓舞它所統治的數億人，使他們投入真正的情感。至少，整個虛幻的架構以相當顯著的速度在崩潰，使它的臣民蹣跚地走回某種較接近真實世界的情況。之後，我們會短暫地回顧蘇維埃共產主義的最後幾年，因為那能給我們一些重要訊息，以了解曾經極為執迷於團體迷思的人們，最終是如何逃脫的。

歷史學家布林頓活得不夠長壽，看不到俄羅斯革命最後的結局。布林頓活得不夠久，看不到俄羅斯革命最後的結局。但我們可以用布林頓未提到的另一個事例，來結束這場歷史之旅。布林頓未提到是因為那不符合他對「革命」的定義。因為這是相當不同的團體迷思，它吞噬了一九三三年之後的德國，最終將整個世界捲入戰爭。

## 5. 希特勒與德國

一九二〇年代末期的德國是個很不幸的國家：在第一次世界大戰中被羞辱擊敗，加上軟弱不受歡迎的政府，經濟一落千丈，嚴重蕭條，還有數百萬人失業。這是團體迷思的第一階段（可稱之為蘊釀期）得以崛起的條件。由於處於這樣的狀況，德國最終在一九三三年找到它的匯聚點，也就是希特勒催眠般的煽動技巧：他承諾，讓破敗的經濟復甦，並恢復國家的光榮。

他的掌權，標誌著團體迷思第二階段的開始：夢想階段。希特勒惡魔般的精力，以及「讓德國再次強大」的願望似乎激起了德國人渴望國家復興的盼望。他的納粹版本的團體迷思，迅速推行到整個國家，加上不斷推行活動，包括夜間人民舉火把遊行，使群眾大規模集結在一起，以及殘酷的祕密警察，還設計讓人加深印象的「夢之標誌」的萬字符號用來代表德國優越民族（Herrenvolk）的意象，於是形成一股強大的群內團結「共識」。

就像所有極端形式的團體迷思，希特勒無止盡地將社會裡所有群外的人們妖魔化為「敵人」，從之前衝鋒隊的盟友與共產主義者，到猶太人及其他不符他理念的雅利安人都遭殃，被斥為德國的次等人類（Untermenschen）。

因此在整個一九三〇年代，希特勒大獲全勝，使他的野心更往前推進。他藉由建立一支強大的軍隊機器以代表德國的集體自我而復興了經濟。在沒有反對意見之下，他占領並吸納了更多的領土以加入他「更偉大的帝國」，直到他於一九三九年入侵波蘭，終於引爆戰爭。

就像之前的拿破崙那樣，希特勒看見自己軍隊橫掃歐洲大部分的區域，直到一九四一年到達到巔峰。那時，就像拿破崙那樣，希特勒將自己的軍隊送進俄羅斯。當他們在冬天雪地上停在莫斯科的大門前，他那瘋狂的對未來的遠景第一次遇到嚴重的考驗（他同樣一心一意擴張的盟友日本，也同時進入戰爭，使戰事轉變成全球性的衝突）。

於是希特勒決意從莫斯科撤退，這是團體迷思第三期「挫折階段」的開始。幾週之後，一九四二年二月，彷彿為了維持夢想的動能，他下令消滅「整個猶太民族」，啟動了「猶太人大屠殺」（Holocaust）。夏天時在俄羅斯與北非，希特勒展開他最後一擊好讓夢想能存活下來，結果卻在史達林格勒（Stalingrad）與阿萊曼（El Alamein）戰敗。一九四三年，每個前線的戰事都逆轉，他的U艇（U-boat）在大西洋被擊沉，德國的大城市日以繼夜地受到轟炸，希特勒進入了「夢魘階段」，最後四面楚歌。

一九四四年，情況一天比一天糟，盟軍從各方包圍德國。在一九四五年，最後的「與現實的衝撞」到來。希特勒自欺欺人的大廈剩下的部分也徹底崩解了，化為灰燼。就像他自己在戰前一場演說中所講的「我走了天意指示的道路，帶著夢遊者給我的保證」。夢遊者帶領德國進入一場夢，而那場夢無可轉寰地演變成夢魘了，那是希特勒與其他數千萬人的夢魘，他們再也醒不過來了。

## 結論：幻想的循環

在導論中我曾經提到，僅次於有組織宗教的「不寬容」的變形，歷史所提供最極端的團體迷思例子，就是共產主義與納粹主義這樣的極權主義意識形態。

我們已經看到，那些挑戰人們熟悉而被當作「現實」的舊框架，這種行為是如何將社會分裂成兩大群的。一派是堅持並守護舊有秩序的人，另一派則著迷於如何建立新社會以取代舊社會。一旦舊的框架消逝、盼望的目標變得難以企及，最後就會使追求的手段變得越來越極端而脫離現實。

以下是衝突之所以發生的關鍵：兩個完全相反類型的團體迷思，各自服從「嚴禁與另一邊對話」的原則，並各自創造一種帶有敵意且諷刺對方的形象。在前述三場革命的案例中，就像布林頓所說的，我們看到有種傾向是：權力由右派移動到中心，再到左派，從擁護舊制度的保守派，轉變為溫和派，再到激進派或極端派。隨著權力依此路線移動，它將越來越集中，縮小了國家與人民之間的基礎。

拿破崙與希特勒的例子看似非常不同，不像那種「由下而上」的革命，即來自底層的團體迷思反抗既有的統治秩序。波拿巴主義與納粹主義是透過奇魅的、超級自我中心的領導者「由上而下」地推展，那些領導想方設法將自己無邊無際的個人野心，有效地塑造成與國家利益一致，而人民無論是被說服或被強迫，都會被帶著走。但在這兩種情況中，「自欺欺人」最終會過頭，激起外部世界強烈的對抗行動，以致於原本靠狂妄自大建立起來的幻想大廈，最終面臨倒塌的命運。

在這方面，我們可以將納粹主義視為一種右派的幻想，將愛國主義扭轉成極端的國家主義。就右派的團體迷思類型而言，「群內」始終是基於國家、民族、部落，相對之下，其他的國家、民族與部落則被視為「群外」。納粹主義的訴求以秩序、紀律與權威等陽剛價值、對「父祖之國」忠誠及某種極狹隘而排他的種族主義意識形態為基礎，以致於它相信：單一「優越民族」有權對其他民族進行無情的支配。

另一方面，共產主義則是左派的幻想，它訴求是為了社會底層那些被剝削的人民而戰的這種憐憫的價值。馬克斯主義的吸引力在於，它主張為那些受壓迫的「被害者」而戰，無論他們在世界的哪個角落，對抗虐待並壓榨他們的那些無情、腐敗的統治階級與社會頂層。

左派與右派意識形態，這種根本的區分也解釋了它們在當代世界裡給人極為不同的整體感受。在戰後時期，因為納粹犯下極為明顯的罪惡，因此再也沒有別的詞比「法西斯」更常見的譴責用語了，縱使那與希特勒最初的納粹黨相似性極小。這個詞，後來不只被用在任何公然表現為種族主義者的政治團體上，也用來指稱任何訴求權威、秩序與紀律的「陽剛」價值之立場。最明顯的對象之一就是警察。的確，這個詞如今已被無差別地用在以任何樣貌代表權威的人，甚至是希望維持教室秩序的教師，或對孩子施行嚴格紀律的父母。從二次世界大戰以來，將任何人稱為「法西斯主義者」或「極右派」，已經變成一種最嚴厲的責難，表示那人濫權，讓人潛意識地聯想到造成納粹德國各種邪惡的變態人類行為。除了「戀童癖」或「虐童者」之外，沒有別的詞能引發如此自然的反感。

就情感上而言，馬克斯主義者或左派典範則剛好相反：他們無私地為世界的底層而戰、對抗那些壓迫他們的人。這就是為何人們總是非常輕易忽視每次馬克斯主義的團體迷思，使他們成功地奪得某些社會的權力，人們甚至為這種情況找藉口。他們認為，理想主義的共產主義者創造了一個新的統治秩序，但在關鍵面向上，事實是他們與右派反對者所強加的殘酷極權主義體制沒什麼兩樣。

就像歐威爾在《動物農莊》（*Animal Farm*）裡生動描繪的，致力為社會底層而戰的蘇維埃共產主義者，沒多久就露出了真面目。他們只是新的，甚至更暴虐且貪腐的統治高層。在他們關心無權無勢者與被壓迫者的假面具背後，任何新共產主義統治秩序，正是基於驅使法西斯主義者或其他右派極權主義者建立體制的同一套價值：無情的紀律、殘酷地對異議者不寬容、耀武揚威，以及對獨攬大權的領袖幾近宗教般的膜拜。就這方面來說，群眾將列寧、史達林與毛澤東封為神，或對希特勒的「元首崇拜」，都是一樣的。

這是人類集體行為的原型。首先，有段「醞釀階段」，社會的壓力逐漸累積到與過去決裂的關鍵點。當這股新的能量找到匯聚之處，就會發生決裂，於是進入「夢想階段」。在一段時間內，那看似解放眾人的新的自欺欺人，會吸引所有人跟隨它。但正因為這種自欺欺人的團體迷思不知界限所在，於是進入了「挫折階段」，以更脫離現實的方式，迫切地追求虛幻的目標。直到矛盾開始介入，直到越來越極端的團體迷思帶來「夢魘階段」，此時原先鼓舞人們、看似理想主義般的願景，已經完全改觀了，而在最終造成某種「與現實衝撞」的情況。團體迷思最後必須面對的是它將人們引入未曾預料到的後果。我們已看到了上述的團體迷思各階段的不同歷史案例（儘管有個玩笑話是這樣說的：「任何宣稱還記得一九六〇年代的人，其實當時都不在現場。」），尤其是團體迷思各階段是如何發展運作的了。

# 第五章

# 幻想的循環，與搖擺的一九六〇年代

每一個年代，要嘛是一個逐漸逝去的夢想，要嘛是一個正在誕生的夢想。

亞瑟．奧修南西（A. W. E. O'Shaugnessy）

一八四四～一八八一年

在詹尼斯所定義的、我稱之為團體迷思的三個基本運作規則裡，有個面向他並未討論到，但此面向卻可以適用在他本人所舉出的所有案例中。這個面向包含了五個階段，按照這個模式，所有類型的團體迷思都隱含「與現實難以連結」的問題，這最終導致了與現實的衝撞以及自我的毀滅。

我第一次被這種重複出現的模式所吸引是在一九六〇年代，那時我正寫作我的第一本書《喜新厭舊者》（一九六九年）。那時我試圖分析一九五〇年代晚期與一九六〇年代的排山倒海般的轉變，讓英國在社會、道德、文化和政治上幾乎變成一個完全不一樣的國家。當我將那本書的副標題訂為「一九五〇年代與一九六〇年代英國生活的改革」時，我當然不是要把當時英國的變遷與我們前面討論的歷史上更為強烈的動盪相比擬。但當我仔細研究當時的種種事件是如何開展時，有兩件事情讓我感到相當震驚。

第一個是那紛亂年代代表性的意識形態，大多數最後被發現只不過是人們一廂情願創造出來的泡沫假象而已。從安東尼・伊頓（Anthony Eden）一九五六年注定失敗的舉兵蘇伊士運河計畫，到短短數年後英國人民歇斯底里地沉迷於「搖擺的一九六〇年代」（Swinging Sixties）的各種短暫熱潮。另一個則是在這段期間裡，英國人民集體的情緒頻繁地大幅轉變，甚至每年都不一樣。

雖然有個笑話說「任何宣稱還記得一九六〇年代的人，其實當時都不在現場」，意思是：人們對於那個影響深遠的年代，所有的記憶都在毒品和震耳欲聾的熱門音樂迷霧裡糊成一團了，如同我在《喜新厭舊者》一書中說的，實際上，那段期間裡各階段都有一個明確的模式。為了完整理解為何二十一世紀團體迷思的現象這麼多，我們必須追溯到半個多世紀以前的那段非凡歷史。六十歲以下的人應該很難體會那些年的改變是如何戲劇性地塑造了他們所生活的這個現代世界，並創造了這個他們如今習以為常的心靈宇宙。一九五〇年代中期，當西方世界終於走出第二次世界大戰的陰霾，最讓人興奮、陶醉地感受到自己正邁向一個不可限量的不同未來，便是那種突如其來的全新的物質繁榮。

當然，這是有如洪水般大量的新科學與技術一步步撐起來的，幾乎可以說，人類歷史上可能不再有機會看到與過去這般急劇的斷裂性。當人類首次超越我們自己星球的限制，邁向外太空以迎接太空時代的來臨時，那種戲劇性的震撼感受是無法比擬的。科技進步如此快速，從一九五七年蘇聯將第一顆人造衛星史普尼克（Sputnik）發射升空，到一九六九年第一批美國人登上月球，其間只不過是十餘年的時間。

但是這僅僅是眾多可用來表徵那些年科技空前進步的例子之一而已。國際之間的航空旅行變得司空見慣；塑料的使用無處不在；抗生素的使用帶來藥學上革命性的發展；第一台商用電腦的誕生，掀起了一場電子革命，在短短幾十年內發展成網際網路和全球資訊網路，進而成為幾乎所有形式的經濟活動的重要關鍵。那些年，各種新發明當中，對人們的日常生活最有直接影響力的莫過於電視的誕生。還不到一九六〇年代末，電視就已經被稱讚為將世界縮小成了一個「電子村」。在另一個相當不同的領域裡，DNA令人驚訝的複雜結構，及其功能的發現，則是一九五〇年代裡另一項具有深遠且無法預知其影響的科技突破。

所有這些科技創新，都讓我們看待世界的方式有了轉變。一九六〇年代，一個更進一步的轉變是意識上的巨幅改變，從而引發了所謂的「環境主義」。突然間，人類難過地意識到不僅自己現在正對周遭的自然世界造成損害，人類更是地球上第一個能用核武器摧毀星球上的生命之物種。這種觀點的根本轉變，是為了從心理上做好準備，以便在二十年後比較能接受「連地球的未來也受到人為造成的全球暖化所威脅」的看法。

那些年也見證了我們這時代最雄心勃勃的政治計畫：以一個世界前所未見的超越國家政府的形式，將所有歐洲人民團結在一起。

但是一九五〇年代末期和一九六〇年代所發生的事，特別是在英國，再次反映出社會的動盪是由兩群人所導致的：忘情於新時代解放精神的人們，以及捍衛搖搖欲墜舊世界觀的人們。而那海嘯般的變遷所帶來的心理影響，又因其他兩個因素而強化，其一是英國越來越認識到自己已經失去了世界強國的地位；另一則是，英國舊有社會階級系統的大量消融。

在《喜新厭舊者》一書中，我說明了那些遵循傳統價值觀和框架的人是如何成為「守舊者」（Old Guard），徒勞無功地試圖抵制全新的、意圖取而代之的「新英格蘭」（New England）價值觀。與其他國家相比，這種新舊的衝突在英國特別顯著。英國人民被切割為兩個按年齡和階級劃分、互相對抗的群體：年輕人對抗年長者、下層階級對抗上層階級、想像中的新未來對抗不具重要性的過去。

我在分析一九六〇年代末期英國發生的事件時，曾試圖說明，當時人民興奮昏頭的情緒是如何頻繁地導致人們以各種方式逃避現實。但是直到多年之後，當我看到詹尼斯的研究時，我才了解到，事實上這些不同形式的集體自欺欺人狀況，時常是符合團體迷思的運作規則的。

故事要從我稱之為一九五〇年代初期的「詭異的保守派插曲」說起。當時，原本造成一九四五年工黨選舉壓倒性勝利的激進左翼理想主義，已經逐漸消逝了，因為到一九四〇年代末，英國發現，自己仍無法擺脫大戰時的物資配給制以及戰後緊縮政策所帶來的貧困。一九五一年，保守黨在年老的世界級政治家邱吉爾的領導之下，藉由「讓人民自由」的口號重新掌權。英國仍將自己視為世界大國，視為橫跨全球的帝國中心，並且認為能夠在一九五二年繼美國和蘇聯之後，成為世界第三核武大國。一九五三年，這個國家即將重拾過去榮光的這種感覺，在有成千上萬觀眾的女皇加冕大典時，再度被強化了。民眾有史以來第一次透過黑白電視機那小小的螢幕，目睹加冕典禮中所有的歷史性儀式，看見他們的新女王在威斯敏斯特大教堂（Westminster Abbey）百位穿戴貂皮長袍和皇冠的男性世襲成員之圍繞下，接受加冕。

如我們所見，在道德和社會上，英國仍然是一個極度保守、有階級意識、守法的社會（當時犯罪率是歷史最低點）。電影院的觀眾對上演的英國在戰爭期間英勇事蹟深感驕傲，同時伊林（Ealing）的喜劇片則顯現這個社會每個人在英國的傳統階級架構中，還是有可明確辨識的位置。物資配給制度，和戰後的緊縮政策終於告一段落。當長期無法買到的商品重新在商店裡出現時，一個常聽到的讚美是「就像戰前一樣」。一九五五年五月，當八十一歲的邱吉爾退休時，同樣來自上層階級的安東尼・伊頓（Anthony Eden）領導保守黨重掌政權，甚至支持率更上升。然而，此時人民的情緒開始出現了轉變，這轉變的方式是，重複了兩次以下的五階段模式。

## 第一階段：醞釀——尋找焦點

在我看來，君主制可能已經成了宗教的廉價替代品。切斯特頓（Chesterton）曾經說，當人們不再相信上帝時，他們不是什麼都不相信，而是什麼都相信。

馬爾科姆・蒙格瑞奇（Malcolm Muggeridge）
〈皇家肥皂劇〉（Royal Soap Opera）
《新政治家》（*New Statesman*）
一九五五年十月二十二日

哦天哪，我多麼渴望能有一點普通的熱情。一點熱情，僅此而已。我想聽到溫暖而激動人心的聲音被大聲喊出來，「哈利路亞！哈利路亞！我還活著！」

吉米．波特（Jimmy Porter）

摘自約翰．奧斯本（John Osborne）

《憤怒的回顧》（*Look Back in Anger*）

一九五六年

伊頓硬起來了！讓愛哭的孩子哭吧！重現偉大的英國！

《每日素寫》（*Daily Sketch*）頭版

一九五六年十一月

一九五五年秋天，空氣中充滿了一種新的、難以駕馭的氛圍。商業電視頻道時代來臨，一直播著浮誇自大的美國式廣告和猜謎節目，使一本正經、中規中矩的英國廣播公司突然顯得無趣且古板。成千上萬的英國年輕人，首次看到美國搖滾樂電影後，開始仿效「泰迪男孩」（Teddy boys），穿著自認為時髦高檔的演唱會服，行走在倫敦南邊的街頭。

一篇被廣泛引用的雜誌文章，讓「建制派」（the Establishment）一詞成為流行語，它用來描述英國被那些互相勾結的上層社會菁英的過大影響力，搞得快窒息了。另一個則是批評媒體太常報導女王及其家人的事，且用以描述皇室的語言，是自維多利亞時代以來在英國能聽到的用詞中最無禮的，以至於像在看「皇家肥皂劇」。然而之後的一年，亦即一九五六年，發生的兩場大地震才真正啓動了那充滿叛逆性的「新英格蘭」運動，同時也使守舊者們的大英傳統主義受到根本上挑戰。

從文化面來說，一九五六年最重大的事件，莫過於自美國的搖滾樂掀起的全面熱潮席捲了年輕一代。全新風格的服裝、舞蹈及伴隨全新音樂而來的「嬉皮」和「時髦」等俚語，為年輕人開創了一個新的幻想世界，進而將年輕一代與年長一代以前所未有的方式切割開來。年輕人認為在他們新圈圈之外的人，全都可以視為無聊的「老古板」（squares）。

與這種新「少年文化」（teenage culture）沒什麼關聯的另一個轟動一時的事件是「憤青」（Angry Young Men）的出現，這是一群來自下層階級的年輕作家，其中最著名的是奧斯本，他有戲劇作品《憤怒的回顧》。劇中的下層年輕英雄吉米・波特住在一個「中部城市」（a Midlands city）裡的出租小公寓裡，他怒斥說，這國家的生活已被一群迷失在過去夢想裡的「上層階級」所掌控，以至於令人窒息且沉悶乏味。「哦，天啊！」他再也無法隱忍：「我想聽到一個溫暖而激動的聲音被大聲喊出來，『哈利路亞！哈利路亞！我還活著！』」。

從政治面來看，一九五六年所發生的最重要事件，是六月時埃及新阿拉伯民族主義統治者納賽爾上校（Colonel Nasser），占領了原本英法共同擁有的蘇伊士運河（Suez Canal）。伊頓總理當時已經遇到整個大英殖民帝國各地出現的武裝暴動，包括賽普路斯（Cyprus）、肯亞（Kenya）、馬來亞（Malaya），他的例子本來可以為詹尼斯提供另一個由團體迷思所帶來的政治上的典型案例。

夏末，隨著伊頓的反納賽爾言論越來越歇斯底里，他和他的支持者們正享受著團體迷思的「夢想階段」（dream stage），想像著他們即將對這個突然發跡的「外國佬」（wog）報復。到了十月下旬，當英國和法國打算以軍事奪回運河的計畫曝光時，英國人民的意見恰好分成兩半，一半的人瘋狂為伊頓歡呼，諸如「伊頓硬起來了！讓愛哭的孩子哭嚎吧！偉大英國重現！」而另一半人則對此舉感到驚駭。

英國軍隊一登陸，伊頓的幻想就立刻與現實產生衝撞。美國警告說，出兵將對仍是全球性貨幣的英鎊造成災難性的衝擊。蘇聯——當時正派遣坦克前往匈牙利（Hungary）鎮壓反對共產主義統治的大規模起義——則提出更嚴厲的警告，揚言要用「核子火箭」血洗倫敦。

英國這次迅速且令人羞愧的撤退，使納賽爾控制了運河。伊頓辭職，因為這次慘敗不僅讓英國人明白，英國已不再是世界強權，也對英國傳統統治階級自滿的形像造成嚴重打擊。然而，這打擊當時並不是明顯可見的，因為繼任總理的是另一位年紀也很大、伊頓公學（Eton）出身的貴族哈羅德・麥克米倫。

一九五六年的這些事件，可能為許多即將發生的事播下種子。但在一九五七年期間，一九五六年以來的動盪卻逐漸消失了。一九五七年底，部分「憤青」發表了標題為《宣言》（*Declaration*）的論文集，其中奧斯本嚴厲指摘皇室、宗教和那些「富裕但是心智貧乏」、「控制我們生活」的上層階級所說的都是「含糊的假話」（waffling cant）。然而，此時這種充滿情緒化的言論看起來已經是屬於過往時代的對話了。就連最初對搖滾樂的狂熱，似乎也正平靜下來，雖然說流行音樂的性質至此已經不可逆地被改變了。國民情緒再度發生了變化。英國人民的注意力，現在集中在完全不同的方向上。

# 第二階段：夢想──發現富裕

的確，讓我們坦白吧，我們中的一些人從未有過如此好的日子。讓我們當中某些人開始擔心的是，「這麼好的日子應該不會是真的吧？」

麥克米倫
一九五七年七月三十日

在接下來的兩年中，英國人民最常想的是自己現在正生活在一個所謂的「富裕社會」（affluent society）。在新的「現在就買，晚點付錢」的租購潮流中，所有階層的英國人都縱情於他們從未見過的最大規模的支出熱潮。

糧食配給制結束僅四年後，他們就已習慣身為「消費者」。越來越多的英國家庭第一次購買汽車、冰箱、洗衣機、電視機。最早的超市也出現了，全新的建築風格以震攝人心的現代化鋼材、玻璃和混凝土所建的迷你摩天大樓，開始在倫敦的天際線升起。

但從某種程度上來看，這股邁向新未來的熱潮中，掌舵的似乎是新的保守黨總理。早在一九五七年六月，當麥克米倫指出「我們中的某些人從來沒過過這麼好的日子」時，他並不是要誇耀成就，而是要警告通貨膨脹的危險，不過這句話卻成為日後歷史上與他劃上等號的名言。

一九五八年，由於民調顯示麥克米倫的支持度劇增，著名的左翼漫畫家維姬（Vicky）意圖詆毀他，使用了電影超人的漫畫形象將他描繪為「麥克超人」（Supermac），但因為那實在是一個稱讚又好記的暱稱，讓他在一九五九年率領保守黨以壓倒性勝利重掌政權，並促使他宣布「階級戰爭已經過時了」。看來，英國的統治精英已經成功將這種「每個人的生活都從未如此好」的新國民情感收歸己用了。然而，在接下來的新的十年中，這種全國性的情緒氛圍又將改變。

## 第三階段：挫折——壓力出現

對改變的頑固抵抗，現在已覆蓋了我們國民生活的每個部分。一種自滿、狹隘而自滿的中年人保守主義，已盤據在國內各處。

安東尼・克羅斯蘭（Anthony Crosland）
《接觸》（*Encounter*），一九六〇年十月

一九六〇年代的到來，不僅僅為英國帶來進一步情緒面的戲劇性變化。在美國，七十歲的艾森豪（Eisenhower）總統即將退休，在他任期的八年，美國享有的前所未有的繁榮比英國更明顯。然而此時人們普遍感覺到，在有史以來最老總統的治理下，美國自鳴得意的狀況已到了一種令人窒息的地步，而在一九六〇年，當一位深具群眾魅力的年輕政治家在政壇崛起而將接替艾森豪時，這種國民情緒變成更清楚可見。

甘迺迪，其年輕活力與理想主義的形象，使他成為未來新的十年完美「夢想英雄」（dream hero），他稱美國已是「一個疲乏的國家」，主張通過一種「充滿動力」（dynamic）的新領導風格來振興國家。

在英國，只比艾森豪年輕四歲的麥克米倫，開始嘗試面對人們焦躁的新情緒。在四月份的「變革之風」演講中，他不僅告訴南非議會，非洲白人至上主義的時代已經結束了，而且暗示他有意盡快解放英國剩下所有的殖民地。

但是對於英國在世界上的地位，事實上還有其他更令人不安的警示徵兆。難堪而明顯的是，英國經濟長期以來所依賴的身分——世界領導產業，正在衰落中。由新一代、出身於牛津劍橋大學聰慧的年輕記者們所寫的書籍和文章忽然之間蔚為風尚，他們提問：「英國怎麼了？」並大聲疾呼英國必須學會「現代化」。

特別是他們喜歡將英國過時的經濟與一九五七年六個歐洲國家建立的「共同市場」（Common Market）之「活躍動力」（dynamism）相比較。麥克米倫在一九五九年對此做出的初步反應是，籌組一個與該「六國集團」（the Six）相對抗的組織，亦即歐洲自由貿易聯盟（European Free Trade Association，EFTA）。然而，一九六〇年夏天，當他重新調整內閣職務時，他卻任命愛德華・希思（Edward Heath）為英國的第一任歐洲大臣（Minister for Europe）。希思出身於平民文法中學，在英國政圈幾乎單打獨鬥，他長期以來一直敦促英國應該要加入「六國集團」的陣營。

同時，「跟上時代」（with it）這個頗有深意的詞語，不僅反映出每個人都感受到英國目前正在一條不斷加速改變的輸送帶上，從流行音樂，時尚到建築與汽車設計都是，而且也反映出當時的社會壓力，每個人都要趕上這種衝向未來的流行熱潮才行。例如後來被稱為「北方現實主義」的電影中，刻意美化英國工業城市中成長的「下層階級」年輕人的「粗魯輕率的活力」（irreverent vitality）。

但是，最能象徵這個新英國的，莫過於性觀念的革命，「大膽」的脫衣舞俱樂部提供了前所未有的女性裸體表演。一九六〇年具代表性的訴訟案是，有人指控大衛・勞倫斯（D. H. Lawrence）小說《查特萊夫人的情人》（Lady Chatterley's

Lover）具有淫穢內容，那最終促成了一個新的法律條文，終結了對嚴肅文學創作的審查制度。該案的審判結果被大肆宣傳為新的包容社會與那些已屬於另一時代的、令人窒息的舊道德社會之間的對決。該書的支持者大肆謾罵、取笑那些「固執狂」及「維多利亞時代的遺老」，認為他們試圖拒斥「新道德」（New Morality）的發展是徒勞無功的，並開心引用檢察總長作為控方對陪審團提出的那自我諷刺到荒唐可笑的問題：「您會希望您的妻子或僕人讀這本書嗎？」然而，捍衛這本書所提出的一些自認為有智慧的論點，也同樣荒謬可笑，例如：時髦的年輕伍爾維奇教區主教（Bishop of Woolwich）聲稱，性行為「其真正意義就是聖餐禮（Holy Communion）」。

因此，這場訴訟成了經典案例，顯示出兩種注定互相對抗的團體迷思。陪審團的裁決，被譽為言論自由和「新道德」的勝利，然而實際上，那些在訴訟案中天真地研擬出自由的新法律的人們卻沒預料到，該案最重要的結果並非促進嚴肅文學的創作，而是為那些不具文學價值的色情文學打開了門。

但即使當時，民調顯示大多數英國年輕人仍然會選擇投票支持保守黨。工黨當時正陷入一場危機，起因是最大的工會試圖迫使英國放棄核武，但在工黨領導人休・蓋特斯凱（Hugh Gaitskell）的激烈演說後，該黨僅以些微選票落敗。但是，麥克米倫越來越急於表現得他像是跟得上時代的人。

一九六一年六月，他宣布英國將申請加入這些「充滿動力」的國家所成立的共同市場，此舉震驚了世界。英國讓自己的命運轉向歐洲，而背棄了她所創立的大英國協（Commonwealth）及她帝國的過往。他幾乎沒有意識到公眾輿論將多麼強烈地反對他（就算不是出於這個原因），以及他所屬的階級和世代所代表的一切。

## 第四階段：夢魘——老英格蘭的退位

這是一封仇恨信，是要寫給我的同胞。所謂同胞，我指的是那些與我同屬這個國家、卻糟蹋了她的人。那些手指躁動的人，正將這個已經瞎了、軟弱無力的、被出賣的國家之軀體引入死亡。你是殺死她的罪犯，而我別無所想，只想殺了你……我腦子裡想著謀殺，我心裡有一把刀，想殺死你們每一個人：麥克米倫，還有你，蓋特斯凱……然後，是你，上帝詛咒你，英國。你現在正在逐漸腐爛，不用多久你就會完全消失。

奧斯本，《論壇報》（*Tribune*）

一九六一年八月二十八日

將士們已列隊完畢，空氣中迴盪著軍械士鐵鎚的聲響。戰鬥開始後，人們希望的只有流血。

喬納森・米勒（Jonathan Miller）
寫於「倫敦第一家諷刺夜總會」「建制派」開幕日
《觀察者報》（*Observer*）
一九六一年十月一日

一九六一年夏末帶來了另一次戲劇性的情緒轉變，不僅發生在英國，而是全球性的。八月，在柏林圍牆豎立之後，尼基塔・赫魯雪夫（Nikita Khrushchev）吹噓說，蘇聯現在能製造出比摧毀廣島的炸彈還要強五十倍的氫彈。自一九四五年以來，這是首次人們開始真正擔憂這世界可能走向核武戰爭。

在英國，於「核武裁減行動組織」（Campaign of Nuclear Disarmament，CND）的一個更激進的新核心團體「百人委員會」（Committee of 100）裡，伯特蘭・羅素（Bertrand Russell）將麥克米倫、甘迺迪和赫魯雪夫描述為「人類歷史上最邪惡的人」。另一位成員，奧斯本的反應則是前文所引用的「上帝詛咒你，英格蘭」的書函。兩週後，當委員會宣布計劃在特拉法加廣場進行示威遊行時，當局予以禁止。但是，示威仍照計畫進行，導致警察必須面對「法西斯主義者」的叫喊聲，不得不強行帶離一千三百一十四名抗議者，這是英國歷史上最大規模的集體逮捕行動。

那年秋天，英國新的叛逆情緒的另一種表達方式是，對於「嘲諷」的熱衷。倫敦劇院季的最熱門劇目，是一齣名為「邊緣之外」（Beyond the Fringe）的輕鬆時事劇，劇中四名年輕的牛津劍橋大學畢業生，模仿並嘲諷了所有「老英格蘭」的價值觀：從吹捧第二次世界大戰中英國英雄事蹟的電影，到陳腔濫調似的典型英國國教教會的布道。

當這齣劇在五月上演時，劇評家們幾乎沒注意到彼得．庫克（Peter Cook）在劇中一個橋段中，將麥克米倫戲謔地演成一個愛德華時代（Edwardian）的年老貴族，並與美國新總統的年輕朝氣有鮮明對比。到了秋天，這種滑稽地模仿麥克米倫，將其描繪成一個對人民生活徹底無知、屬於過去時代上層階級的遺物的這種劇碼，已經變成諷刺劇裡最引人注目的重頭戲。

隨著庫克推出的倫敦第一家諷刺夜總會「建制派」開幕，以及嘲諷性質雜誌

《私家偵探》的出版，嘲諷文化突然風靡英國。對於這兩家公司而言，自大又拙劣的麥克米倫是他們最喜歡的攻擊目標。

至此，比以往任何時候都更加清楚可見的是，在英國發生的衝突，逐漸變成是依照年齡和階級來定義的。自一九五〇年代中期以來，英國人生活中最顯著的特徵之一就是年輕人的能見度不斷提高：與越來越困惑的老一輩相比，年輕人似乎更能適應瞬息萬變的時代。另一個特徵是新一代名流強調自己出身中下層階級。一九六二年一月，在流行歌手亞當・菲斯（Adam Faith）的一次電視訪談中，可以看到就連約克大主教（Archbishop of York）也堅持聲稱：「我認為性是很美好的，是上帝給予的。我不是屬於那種認為性是淫穢下流而只能偷偷摸摸地談論的世代的人。」

在被譽為「麥克超人」僅僅三年之後，麥克米倫就招架不住了。他和他的政府有可能出錯的事都出了差錯。經濟陷入困境、失業率攀升、犯罪率飆漲。他的挫敗感非常強烈，以至於在一九六二年夏天，他創紀錄地解雇了七名內閣成員，然而此舉對於他掌權的政府持續暴跌的支持率，卻完全沒幫助。

儘管麥克米倫爭取加入歐洲案的談判，因為無止盡的關於技術性的討論而停滯不前，但在當年秋季的每次黨部會議中，該提案都是核心的討論議題。工黨領袖蓋特斯凱，在黨部會議有史以來最長的演說裡警告說，通過將英國的政治命運轉向歐洲，英國將背棄「千年來的歷史」。但是一週後，當麥克米倫發表支持加入歐盟的演講時，他贏得了四千名保守黨員的起立鼓掌，且大多數人還穿戴了上面只寫了「贊成」的徽章表明立場。他們盲目支持的這項政策，若是回到兩年前，他們會輕蔑地指責其違背該黨所代表的所有價值。

那年秋天，當時國民的情緒越來越陰暗。十月，世界突然被古巴導彈危機嚇到，這可能是世界歷史上最危險的一次，當時近兩週的時間裡，看起來就像在懸崖邊搖擺，隨時可能陷入核武災難。在倫敦，幾部受好評的新戲很明顯比以往的劇情更黑暗，而且對於性和暴力的著迷程度更高。其中之一描繪了一個連環殺手在其自殺前，於其所樹立的一個「英國國旗的愛國祭壇」（patriotic altar of Union Jacks）上，儀式性地砍著性感裸體畫報。

十一月，當大衛．弗羅斯特（David Frost）及一個年輕演員團隊，推出了週六晚間的電視節目《過去一周》（TW3），而將「嘲諷」帶到廣大觀眾面前，該節目迅速成為英國廣播公司有史以來讓最多民眾著迷的節目。節目中，對麥克米倫及「老英格蘭」的所有價值觀的嘲弄，標誌著英國廣播公司與它之前所代表的一切舊價值分手。同一個月，披頭四樂團的第一張唱片《愛我吧！》（Love Me

Do）登上流行音樂排行榜第十七位，在那之前，利物浦的洞穴俱樂部（Cavern Club）裡青少年已經瘋狂了好幾個月。節禮日（Boxing Day）那天，英國各地開始降雪，在接下來的三個月中，大部分時間都下雪，這是英國兩百多年來經歷過的最冷的冬天。這恰恰預告著即將來臨的令人震驚的一年。

## 第五階段：幻滅——新烏托邦的崛起

在這座島上，長期以來性愛這個話題一直是社會的禁忌，但它已進入國民意識並成為全國性頭條新聞。《每日先驅報》（*Daily Herald*）問：「我們快要變成性瘋狂了嗎？」

《時代雜誌》（*Time magazine*）

一九六三年三月

我並不那麼常跟年輕人混在一起。

當普羅富莫事件達到高潮時，麥克米倫對下議院質詢的回答

一九六三年六月十七日

一九六三年——屬於披頭四的一年
倫敦旗幟晚報（*Evening Standard*）特刊的標題
一九六三年底

英國從未有過像一九六三年那樣的一年，那是「英國革命」（English revolution）的分水嶺。在那十二個月中，聳人聽聞的發展相當強烈，要描述全貌幾乎是不可能的，只能摘述重點。那一年，「老英格蘭」終於倒下，而被一九五〇年代中期以來出現的年輕、無產階級、反傳統的「新英格蘭」所取代。

那是一個適當的前奏曲，那年一開始，英國就壟罩在大霧中，暴風雪將英國掩埋在一英呎深的積雪中，經濟活動癱瘓了好幾週。一月的烏雲剛過，接踵而來的卻是那年頭兩件讓人震驚的事件。其一是年僅五十六歲的蓋特斯凱猝逝，在經過數週的密謀後，由作風大相逕庭的哈羅德·威爾遜（Harold Wilson）接任工黨領袖。第二個事件是法國總統戴高樂否決了英國加入共同市場的提案。麥克米倫的「歐洲夢」宣告結束。

他的政府捲入了幾次小規模的「性與國安醜聞」，但到了二月，有關另一個醜聞的謠言，像漩渦般席捲整個倫敦，這次牽扯到一位資深的內閣部長，且嚴重到可能使政府垮台。與此同時，披頭四樂團的第二張唱片《請取悅我》（Please, Please Me）衝到排行榜的首位，顯然的，這個新流行樂團所造成的熱潮是英國其他樂團未曾經歷的。

三月，工黨議員首次在下議院提出討論這日益火熱的醜聞。雖然那時陸軍大臣普羅菲莫尚未被公開指名，但已足以促使他否認自己與基勒有任何「越軌行為」，儘管基勒這位模特兒一直與他有婚外情關係。然後那最終導致他下台。

同月，其他反映英國快速變化的徵兆也出現了。就在國會大廈再往上一點、近四百英呎高的位置，新的米爾班克大廈（Millbank Tower）成為倫敦最高建築，不過現在它只是改變城市天際線的新摩天大樓其中之一。暢銷書排行首位，伍爾維奇主教（Bishop of Woolwich）約翰．羅賓遜（John Robinson）所寫的新書《對上帝誠實》（*Honest To God*）聲稱：「在這個太空時代」，我們所持的「幼稚園手冊般的上帝形象必須被淘汰」，幾乎整個教會的傳統教導也要一併淘汰。長期以來，鐵道上冒著白煙的火車引擎一直是英國民族性格的關鍵象徵，然而，一份政府報告建議了英國鐵道系統進行有史以來最大的革命：半數以上車站和路線都將停用，蒸氣將成為過去。

四月份，圍繞著普羅富莫事件的謠言籠罩了英國政治圈。那是一個讓人覺得像被催眠、充滿幽靈幻影的傳奇事件，後來還有像伊凡諾夫（Ivanov）這樣一位謎樣的蘇聯大使館武官加入陣容。謠言工廠進入了超速運轉狀態，連帶揭發其他不同的醜聞，例如裸體的「無頭男人」，據說那男人是一個捲入「脫離某幫派」的內閣大臣；還有另一個只知道主角是「戴面具的男人」。

到五月，所有醜聞都模糊混雜成一個讓人極其興奮的幻象，顯現英國整個統治階層是如何陷入全面的性墮落之中，其中隱含對國家安全的威脅的蛛絲馬跡，更讓人們覺得為醜聞謠言添加趣味性。但是，它讓人興奮的原因來自於隱晦的謠言與暗示，使人們一方面熱切地想知道真相，一方面又不敢置信。

這是非常特別的心理現象，以致於當我寫《喜新厭舊者》時，我創造了「nyktomorph」這個詞來形容它。該詞源於兩個希臘字，意思是「夜間形狀」（night shape）。我當時想的是，就好像當我們視力因為黑暗或光線不足而模糊，以至於無法正確分辨出我們正在看的是什麼東西的時候，我們可能因此被該形狀矇騙，導致把該物件想像成比實際上還要重要得多的東西。例如，懷疑那模糊地移動著的陰影，可能是竊賊，一個潛在的搶劫犯，或是一隻野生動物。

實際上，就如我們將看到的，夜間形狀的變形效應，具有扭曲和放大我們對現實的認知能力，這效應在多種不同形式的團體迷思中都扮演相當重要的角色。

它引起的反應包括恐懼，例如戰爭或社會動盪時期的謠言氾濫。與此不同的是各種「名人」所表現出的那種非凡魅力，藉由無所不在的宣傳，就算是相當普通的人，通常也能被轉化為充滿魅力的人，好像他們值得我們對其無止盡地感興趣和著迷，縱使實際上我們對他們根本所知甚少。

可以肯定的是，到一九六三年五月底，夜間形狀的力量在人們對普羅富莫事件的執迷中，最清楚地顯現出來。但是，當普羅富莫於六月四日從威尼斯返國，承認自己對議會的誤導，並辭去了他所有的職務時，卻只造成整個國家陷入更嚴重的歇斯底里狀態。面對議員們和媒體的強烈質疑，麥克米倫完全昏頭轉向。在他的回應中，最能反映真實的一句話是：「我並不那麼常跟年輕人混在一起。」

隨後，他的一位部長回憶說，麥克米倫當時處於「一個極差的狀態」，不斷叨唸一個關於八名高等法院法官參與縱慾狂歡聚會的傳言。「一個，」他說，「或許兩個。還是八個！我真的無法相信。」在他選區的一個義賣園遊會上，有人說他走路晃來晃去，像夢遊的人在椰子投靶、抽獎和摸彩活動的攤位繞來繞去。當他與一位選民的小女兒合影時，一群年輕的質問者之一在他耳邊憤怒地耳語說：「把你的手那開，別碰從那小女孩手。你不是偷偷希望她是基勒吧？」

工黨在民調中已領先超過二十點，是有民調以來的最高紀錄。從該危機開始以來，威爾遜一直小心翼翼避開衝突，將他的評論侷限在對於可能引發「國家安全」隱患的擔憂。當保守黨政府處於這種全速自毀模式下，他哪需要多做什麼？

七月，在希臘國王和王后對英國皇室進行皇室訪問期間，女王成為自維多利亞時代以來第一個在街上被公眾以噓聲砲轟的君主。享有盛譽的雜誌《接觸》發行了一份特刊號，標題是「一個國家的自取滅亡」。在一次訪歐期間，甘迺迪總統站在柏林圍牆（Berlin Wall）前，發表名為「我是一個柏林人」的演說，並因此受到百萬以上群眾的歡呼，這使他成為一九六〇年代的「理想英雄」。

七月二十二日，普羅富莫事件的另一位主角史帝芬．沃德（Stephen Ward），因被指控靠不道德的收入為生而接受審判。普羅富莫是他介紹給基勒認識的，他也是俄羅斯武官伊凡諾夫的朋友。雖然那天被揭露的對他不利的證據看來不可置信，然而，在法官做出充滿嚴重偏見的總結之後，沃德先發制人地服用過量的安眠藥自殺，阻止陪審團對其定罪的判決。

八月初，火車大劫案（Great Train Robbery）的新聞讓全國再次被嚇呆，當時，那幾乎可說是英國史上最大的搶劫案。自一九五六年以來，犯罪率一直在攀升，這宗搶劫案本來只不過是犯罪率升高的一個表徵，然而，卻因為這是一宗如此大膽演出的犯罪，犯案的幫派反而變得有奇特的魅力。八月底，美國在經歷了數月的種族暴動、炸彈襲擊及其他種族緊張局勢加劇的不祥跡象之後，一百萬人聚集在華盛頓聆聽金恩博士發表他的「我有一個夢」的演說，呼籲黑人與白人應該和平共處。

九月份，成千上萬人在倫敦排隊，等待午夜將公開發布的、由丹寧勛爵（Lord Denning）主筆的普羅富莫醜聞調查報告。該報告的文筆羶腥刺激，且副標題可能都是來自某些八卦小報，例如「戴面具的男人」等等，但報告中卻沒什麼新內容，而且謠言中那些比較令人震驚又反感的奇譚，都擱置未提。所有那些夜間形狀至此已坦露在日光之下。

## 時代正在改變

當米克．傑格（Mick Jagger）進入倫敦的即興夜總會（Ad Lib）時，我的意思是說，沒有什麼比紐約的即興夜總會更好的了。您可以去即興夜總會，大家都在那裡。他們都很年輕，而且正在接管天下。這就像一場全面的革命。我的意思是，它是如此地令人興奮。他們都是下層階級的人，像是來自倫敦東區。上層階級再也沒有令人興奮的人了。

沃爾夫「年度女孩」文章
引述紐約社交名媛寶貝珍．霍爾澤（Baby Jane Holzer）
《紐約雜誌》（*New York magazine*），一九六四年

如果在那鬧哄哄的年代，國民情緒中有個主題，那應該就是令人陶醉的解放感了，當時若用舊的方式看世界只讓人覺得窒息又過時。一旦精靈從瓶子被解放出來，一項改變就會產生另一項新的改變。對新的刺激和滿足感的渴望，不斷提高社會對此的需求，最明顯的就是民眾一股腦地衝進這個被歡呼的「寬容社會」。拋棄了「維多利亞時代嚴謹莊重的道德觀」的束縛，英國擁抱了「搖擺的一九六〇年代」的所有樂趣，以及性、毒品和搖滾樂，然而這些都帶來了無法預料的後果。對性行為更加解放的態度，導致離婚率飆升，單親家庭變得司空見慣，傳統家庭價值觀的大幅崩解，產生了對社會的巨大危害。

這場革命，部分是對於性想像的癡迷，這種癡迷展現在舞台上、螢幕上、印刷品上，以及以往屬於禁忌的髒話的單詞，也日益成為日常用語的趨勢。戲劇、電影和書籍都競相變得更大膽且駭人聽聞，挑戰可被接受的尺度，顯現出一種熟悉的模式：越來越極端。

質疑這種發展的守舊者們，被譏笑為「反動的老頑固」和「心胸狹窄的清教徒」，但實際上，許多這種想像中的解放，正在導向新形式的監禁，例如對情色作品上癮。在我對那些年的描述中，我分析了自己所說的「幻想循環」：當人們被脫離現實的團體迷思牽著鼻子之後，將會依循五個可辨識的階段走。

週期始於醞釀階段，當各種條件形勢結合在一起，就提供了一種令人難以抗拒的新世界觀，一個「時機已到」的想法。最初，這會將那些著迷於新想法的人們帶入夢想階段，開始的一段時間裡，一切似乎都進展順利。但是，由於在某種程度上它是基於一廂情願的思考，因此總是需要更努力才能迫使其變為現實。挫折階段，是未預料到的後果開始侵入之處，這種後果變得越來越難以應付，最終導致夢魘階段——未預料到的現實從四面八方包抄，到最後「與現實衝撞」(collision with reality)，至此，幻想不是瓦解就是漸漸幻滅。

如果說一九六〇年代的許多幻想都是這樣，那麼危害最明顯的就是，那些年造成英國城市外觀大大改變的意識形態。眾多區域裡過去依循所謂人性尺度（human-scale）的老建築，被挖土機推倒，取而代之的是地方政府為窮民興建的廉價高樓及外觀冷酷的鋼筋水泥住宅。

一九七九年，英國廣播公司的一部電視紀錄片《塔之城》（City of Towers）

中，我追溯了造成這種結果的烏托邦願景發展歷程。最初這個想法是由法國和瑞士雙重國籍的建築師勒・柯比意（Le Corbusier）於一九二〇年代構思的。他的夢想是拆除舊城市和傳統形式的建築，並以他構想的巨大混凝土建築為中心的「未來城市」來取代。他的想法在一九三〇年代對年輕一代的建築師和城市規劃師產生巨大影響，他為這些年輕人描繪了一個誘人的前景，亦即他們可藉此成為新時代真正的社會革命者。在一九五〇年代和一九六〇年代，正是那同一批柯比意的信眾陷入了「現代運動」（Modern Movement）的團體迷思，他們對於傳統形式的建築表現出劇烈的不寬容，而之前的年輕人到那時已贏得當時整個政治統治集團支持的地位，而能將柯比意的夢想付諸實現。

那之後的十多年，對未來的願景仍然是幾乎被普遍接受的共識，並受到政界人士和媒體的一致好評。傳統上只有低樓層房屋的街道被大規模拆除，以使數以百萬的居民可以被像牲畜般地趕到新的混凝土塔樓中。這些塔樓當時只是建築師的模型和藝術家的初步構圖的時候，看起來是美好的，但是當它們實際建造出來、居民進住時，卻似乎不怎麼令人嚮往。

甚至在一九六〇年代後期，已有人開始說：「我們已經看過未來了，但那主意行不通。」到一九七〇年代中期，人們普遍認識到他們犯了一個嚴重的錯誤。

那樣的幻想已經導致了一場社會和建築上的災難。最終，成千上萬一九六〇年代的淒冷塔樓被拆除。這整個故事情節，再次明顯呈現了團體迷思的自我欺騙能力。

第六章

# 團體迷思與歐洲計畫

英國已失去了一個帝國，而且尚未找到她能扮演的角色。

美國前國務卿迪安・艾奇遜（Dean Acheson）

一九六二年十一月

在我們這個時代裡，沒有比圈內人士暱稱的「歐洲計畫」更具野心的政治夢想了，這是個想要將整個歐洲統一到單一政府之下的欲望。從這計畫為世界帶來的巨大影響來看，有件奇怪的事是，一般人對於這計畫是從哪裡開始及如何開始的，了解甚少。

事實上，歐洲執委會精心設計的、關於歐洲聯盟是如何誕生的故事，其實是一個最大的神話。五月九日被訂為「歐洲日」（Europe Day），而且每年舉行慶祝，而這天恰好也是俄羅斯人慶祝的「勝利日」（Victory Day）——慶祝「偉大愛國戰爭」（the Great Patriotic War）結束的紀念日。歐盟執委會聲稱「歐洲人民中，可能極少有人知道一九五〇年五月九日，我們邁出了建立現在歐洲聯盟的第一步」，並說「這是我們首次試圖（並成功地）創建了此聯盟」。

根據歐盟執委會的神蹟傳記（hagiography），當時第三次世界大戰爆發的可能危險正席捲歐洲，那天在巴黎，法國外交大臣羅伯特・舒曼（Robert

Schuman）向國際媒體宣讀了一項宣言，呼籲法國、德國及其他歐洲國家將他們的煤炭和鋼鐵生產集中在一起，作為「歐洲聯盟國的第一個具體基石」，並且提議建立一個超國家級的歐洲機構，其擁有權責管理作為所有軍事力量基礎的煤炭和鋼鐵工業。他呼籲必須將過去在一場可怕的衝突中幾乎摧毀彼此的國家團結在一起，因為那場衝突為人們留下了一種物質和道德上荒蕪感。據此，委員會總結說：「一切……從那天開始了。」

然而，事實真相其實與此大相逕庭，並且完美展現了團體迷思的第一原則。與上述故事不同的是，舒曼根本沒在這個歐洲計畫中擁有這樣英雄式的核心位置，他最多不過是一個不知情的魁儡，被另一個把建立「統治整個歐洲政府」當終生目標的男人所操縱。那男人就是讓．莫奈（Jean Monnet），他雖被稱讚為歐洲聯盟之父的其中之一，但被誤以為僅是跟隨舒曼。當時，莫奈執行的法國現代化四年計畫已接近尾聲，戰後，他曾經兩次試圖建立他的「政府」——在馬歇爾計畫支持下所建立的歐洲經濟合作組織（OEEC），以及歐洲理事會（Council of Europe），但都失敗。挫敗灰心之下，他認定這兩個組織永遠都無法帶來歐洲實質上的團結。在這些龐大的國家集團圈圈裡，共同利益太模糊、共同紀律太鬆懈。因此必須做一些更實際、更具雄心的事。必須更大膽地，在範圍更小的前線上處理國家主權的問題。

若說莫奈要實現目標必須採取更實際、更具雄心的做法，那麼一九五〇年春末的發生的種種事件，便提供了他一直在尋找的機會。

一九四九年，西德終於由康拉德・艾德諾（Konrad Adenauer）總理領導之下成立自治政府。根據一九四五年五月八日通過的《基本法》（*Basic Law*），新的聯邦民主共和國（Federal Democratic Republic，FDR）是由十一個高度分權化（decentralized）的邦（Land）所組成的聯邦。在英國的堅持下，地方政府保留了相當大的權力，並且其地位受到憲法保障。在關鍵事項上，以波昂（Bonn）為中心的聯邦政府，必須取得各邦的同意才能採取行動。特別是，所有國際條約都必須由各邦的立法代表亦即聯邦參議院（Bundesrat）批准通過。

在路德維希・艾哈德（Ludwig Erhard）的領導下，新德國已經顯示出經濟復甦的跡象，這引發了關於這個新國家應該如何融入西歐共同體的問題。邱吉爾在一九四九年八月的歐洲理事會上，提出「新德國應該要受到熱烈歡迎」的提議，令許多代表感到震驚。西方占領國中的兩個國家，亦即美國和英國，希望看到新德國能繼續並盡速實現全面的經濟復甦和國家化。然而此舉卻激怒了法國，法國希望繼續對德國實行經濟控制，因為擔心她可能再次成為難以對付的政治和經濟上的強敵。爭論的焦點仍是那個老問題：魯爾（Ruhr）的煤炭和鋼鐵工業。魯爾是德國經濟的心臟地帶以及她過去戰爭機器的武器庫。

一九四八年，法國曾經要求建立一個國際魯爾管理機構（International Ruhr Authority），這將使法國官員能夠控制德國的煤炭和鋼鐵生產，並確保將其中很大一部分用於援助法國的戰後重建。這是有如法國在一戰後極其失敗的政策有趣的回聲。想當然爾，新西德強烈反對設立這種管理機構。其他兩個占領國，美國和英國，當然也極力反對。

兩年多的期間，這個爭端日益惡化，一直無法解決。到了一九五〇年春天，美國國務卿艾奇遜終於失去耐心。他向法國發出了最後通牒，威脅說：除非法國能提出令人滿意的折衷方案，否則五月十一日他將在倫敦召開外交部長會議，美國會提出一個解決方案並強行各方採納。這給了莫奈一直在等待的機會。多年來，他一直夢想建立一個「歐洲合眾國」（United States of Europe），首先是整合煤炭和鋼鐵工業，不僅將法國和德國的、而且要將其他西歐國家的煤炭和鋼鐵產業，都整合起來歸到一個超國家單位之下來掌控。

當莫奈將他的計畫付諸文字時，他為了「究竟應該揭露多少他隱藏的真正目的」這點感到相當困擾，他寫了整整九份不同的草稿。在第一份草稿裡，他將煤炭和鋼鐵的集中化說成是建立一個「法德聯合」的第一步。第二個草案時，他改口說是建立一個「法德聯合及歐洲聯盟」的第一步。到第五稿時，他已更改為「歐洲必須要以一個聯邦的方式組織起來，而法德聯盟是這個聯邦的基本要素」。第七稿則主張「歐洲必須要以一個『聯邦』的方式組織起來」。然而，到最終定稿時，幾乎所有這些都不見了。他只允許自己將此集中化說成是「歐洲聯盟的第一步」，因為這個詞句太過含糊，不同人可能解讀成不同的意思。

雖然莫奈心裡真正想的是創建一個具有完整國家屬性的歐洲實體，他卻故意選擇了這個不痛不癢的溫和詞句，一方面讓人很難將這一概念稀釋成不過是另一個政府間機構（intergovernmental body），另方面也免於因為強調目的是為了凌駕於主權之上而嚇跑各國政府。

一旦他的備忘錄完成後，莫奈的下一個問題是如何讓各國採納它。他不能充當自己計畫的擁護者。作為一名天生的幕後黑手，他的風格始終是以間接的方式採取行動。他必須贏得法國政府高層的支持，而最好人選就是外交大臣羅伯特·舒曼，因為幾天後，舒曼將不得不面對美國國務卿艾奇遜。莫奈知道，艾奇遜幾乎沒什麼可用的想法，因此艾奇遜非常可能會接受新的想法。

作為可能的擁護者，選擇舒曼還有其他的優勢。舒曼出生於盧森堡，母親是德國人，他精通德語和法語。之後，在當年德國統治下，他搬到了阿爾薩斯．洛林（Alsace-Lorraine），這意味著他於一九一四年被招募加入德軍。然而在第二次世界大戰中，當阿爾薩斯．洛林再度成為德國的一部分時，他卻因為是法國公民而被蓋世太保（Gestapo）逮捕。因此，他是法德衝突需要迫切解決的一個完美見證人。

為了與舒曼聯繫上，莫奈向他的內閣大廚伯納德．克拉皮爾（Bernard Clappier）求助，請他向他上司推薦說莫奈對倫敦的會議有些想法可以參考。他原本希望克拉皮爾會給他回電，但是到了四月二十八日星期五，莫奈卻沒收到任何回音。莫奈擔心舒曼可能不感興趣，因此他寄了一份他的備忘錄副本給法國總理喬治．皮杜爾（Georges Bidault）。莫奈在信中寫到德國局勢正演變成一種對和平構成危險的癌症。他說：「為了未來的和平，創造一個充滿動力的歐洲是不可或缺的。」

> 因此，我們必須揚棄過去的各種形式，進入轉型之路。為了達成這兩個目的，必須創造共同的基本經濟條件，並建立一個各主權國家都接受的新的治理單位。這在歐洲從未存在過。只把主權國家加總起來，在理事會裡是無法把它們團結成

一個實體的。我們必須真正創建歐洲，它必須清楚展現自己……

唉！實在是皮杜爾的遺憾啊！該備忘錄因為未能順利寄達，他因此錯過了成為不朽人物的機會。同時，克拉皮爾滿是道歉地又出現了。莫奈給了他一份備忘錄副本，並立刻決定讓舒曼看到它。他在巴黎東站（Gare de l'Est）找到了舒曼，他剛坐上火車準備去梅斯（Metz）度週末。在研究這份文件之後，當舒曼返回巴黎時，他已決定全心全意地採用該計畫。至此，它成為了「舒曼計畫」（Schuman Plan），儘管實際上這根本不是他的計畫。真的要分析起來，他甚至根本沒打算認真執行它，只不過是把它當作一個讓自己可脫困境的手段。

一旦舒曼同意後，該計畫的內容就秘密地由他辦公室轉知給德國總理艾德諾，以期達成初步的協議。而其他政府，特別是英國政府，並未被告知此計畫。根據當時著名的政治評論家伯納德·拉弗涅教授（Bernard Lavergne）（他原本要發表一份對該計畫嚴厲批判的研究）：

有趣的是，當外交大臣舒曼在五月初把該計畫呈給總理皮杜爾的時候，皮杜爾對於這個突然跳出來的計畫完全不看好。很奇怪的是，儘管這是舒曼先生一貫地隱密的政治和外交手段，但連法國高級專員弗朗索瓦・龐塞特先生（M. François- Poncet）、奧賽碼頭（Quai d'Orsay）（編按：指法國外交部）或甚至法國政府，都沒被確實告知到底在五月九日「舒曼重磅炸彈」襲擊之前的幾天裡，發生了些什麼事。

然而，「由於一個奇怪的巧合」，艾奇遜已經在前往倫敦高峰會的路上，並決定先繞道巴黎去與舒曼進行非正式的商討。另一個「巧合」是，他們的會議中莫奈也在場。正如莫奈假惺惺所說的那樣：「基於禮貌和誠實，我們必須讓艾奇遜知道我們的祕密。」該計畫雖然也提交給了法國內閣審議，但是卻以最草率馬虎的方式——

（該計畫）僅通知給三、四位部長知道，而最後在五月八日部長會議開會時，完全沒進行任何認真的討論。舒曼給了他們一份關於該計畫的粗略草圖，在沒確切知道計畫內容是關於什麼的情況下，他們就決定支持該計畫。

然後，舒曼邁出了大膽的一步。他將通過媒體直接向歐洲人民宣傳「他的」

計畫。在一九五〇年五月九日的廣播中，他向世界揭示了莫奈的計畫，從而創造了這神話的基石，以至於這天被紀念為「歐洲日」。他說：世界和平——

若沒有做出與威脅它的危險相當的創意性的努力，是無法被確保的。一個有組織、活躍的歐洲，能為文明帶來的貢獻是維持和平不可或缺的。二十多年來，法國一直把帶領歐洲走向團結作為自己的責任，並把為和平而努力作為她的主要目標。一個團結的歐洲，過去並沒有實現，我們走向了戰爭。統一的歐洲並非一蹴可及，也無法只根據單一的計畫而建立。必須透過首先建立實際上團結的具體成果，而後才能建立。歐洲的國家要走在一起，必須先消除德、法兩國之間長年來的對立……

在此目標下，法國政府建議立即在相當局限但關鍵性的一點上採取行動……在一個開放其他歐洲國家參與的組織框架內，將法、德兩國的整個煤炭和鋼鐵生產，置於一個共同的高層機關之下。煤炭和鋼鐵生產的集中化，應能立即奠定經濟發展上的共同基礎，並作為歐洲聯盟的第一步。

在描述了「此種製造工業上的團結將如何清楚使法德之間的任何戰爭不僅變

得不可想像，而且連物質之間的戰爭也變成不可能的」之後，他繼續說：這將能簡單而迅速地實現「利益融合」，對於建立一個共同的經濟體系，這是不可或缺的。

這就是《舒曼宣言》（*Schuman Declaration*），目前在歐盟的歐羅巴（Europa）網站上仍被放在耀眼的位置上，被稱為「創造今天的歐盟」的文件。然而，據一位歷史學家說，儘管該計畫立即受到媒體熱烈歡迎，有趣的是實際上沒人知道它的確切含義，甚至連舒曼本人也不知道。

這整個過程是一個精心打造的「偽裝」，是非凡的操偶大師莫奈精心嚴密策劃的一次意外成功。這個莫奈和他同事亞瑟．索爾特（Arthur Salter）多年前所設計的計畫，原本目的是要應付另一場不同的戰爭和完全不同的地緣政治局勢。就像其他眾多與歐盟的歷史有關的事物一樣，連舒曼宣布「他的」計畫的照片，都是假的。當天，莫奈無法安排攝影師到場，因此這個「歷史性」時刻是五月九日之後的幾天裡所重建的。

諷刺的是，莫奈於一九五〇年所採用的模式，實際上是為了防止第二次世界大戰而設計的，但在還沒有機會施行之前，就宣告失敗了。隨著世界被劃分成各個超級大國的陣營，以及一個越來越依靠核子武器支撐的恐怖平衡來維繫的令人不安的和平，他那一九二〇年的典範早已過時了。

然而，一九五〇年只不過是個開端。莫奈本人成為超國家（supranational）歐洲煤礦及鋼鐵共同體的第一任總理，並在跟他的一些同事首次會面時，狂妄地說他們自己是「歐洲的第一個政府」。但是，他和他的盟友們很快意識到，他們不可能在一夜間實現自己的真正目標。他們的政府必須一步一步、祕密地在數年間逐漸構築，並首先要假裝它只是一個「經濟共同體」，一個「共同市場」（Common Market）。

一九五七年，他們的計畫隨著《羅馬條約》（*Treaty of Rome*）的訂定終於步上逐步實現的軌道。《羅馬條約》創建了他們未來政府的所有核心機構（奠基於舊國際聯盟〔League of Nations〕的機構）。這遠遠超過純粹執行交易協議所需要的事項。但是，唯一能一窺他們真正目的的線索，是該條約開宗明義的宣言：其宗旨是為「歐洲人民」的「更緊密的聯盟」而努力。為了實現這一目標，只有他們新的歐洲執委會中未經選舉的官員們，才有權制定歐洲共同體的法律。

多年來，該計畫的持續融合（continuous integration）這個真實動機，獲得了穩健的發展。越來越多權力從各國政府轉移到這個新的超國家政府。越來越多的國家，包括英國，都加入了最初的六個國家，而且歐洲人民一般也開始越來越看好這個計畫，認為這是邁向更繁榮、更理想的未來的恰當方式。

計畫的願景是必須持續推進、朝向那未言明的最終目標。到一九八〇年代中期，為了朝著那個目標邁進，做出更具野心的飛躍，多項計畫被擬定出來了。一九九二年，根據《馬斯垂克條約》（*Maastricht Treaty*），歐洲共同體轉變為歐洲聯盟。它已經具有開放的內部邊界，並且作為超越狹隘國族主義的超國家聯盟的最高象徵，至此，它擁有了自己的單一貨幣。

即使到現在，任何敢質疑這計畫目的的人，都會被貶為向後看的「仇外心理」（xenophobe）、討厭外國人的小心眼民族主義者，或小英國人（Little Englander）。然而，計畫發展到現在，歐盟已變得相當複雜，只有極少數聲稱仰慕它的人對它迷宮式的結構到底是如何運作的才有一點真正的了解，更不用說了解它的本質和目的了。他們只是單純相信別人告訴他們的事，或是在報紙上看到的東西，或是從英國廣播公司接收到的東西（該公司一直熱衷於支持歐盟，但從沒真正了解過它，只是生產那些精心製造出來的、給外人看的假象）。

隨著歐元的問世，所有進展開始加速了，該計畫包含的範圍進一步擴大。它吸收了另外十多個國家，涵蓋幾乎整個歐洲大陸。讓「歐洲」以一個國家的身分，邁向世界舞台的時機已經來臨，是時候該給讓它像美國一樣擁有一部屬於自己的憲法。

直到現在，才開始有跡象顯示，「不斷更加緊密的聯盟」（ever closer union）的這個夢想，終於開始走過頭。當新的「歐洲憲法」（Constitution for Europe）被法國和荷蘭的選民拒絕時，主要理由之一是：這個位於布魯塞爾、未經選舉的政府變得太遙不可及、太官僚主義。即使在布魯塞爾，人們也擔心地談論所謂的「民主赤字」（the democratic deficit）。但是至少，對這憲法的公然拒絕還可以簡單規避掉，只要把這憲法換一個名字（改成《里斯本條約》〔*Lisbon Treaty*〕）再偷渡進來就行了。

然而現在開始出現的問題比預想的棘手得多，第一個是龐大且持續不斷發生的歐元危機。歐元出現危機的原因，恰恰是一九七〇年代首次討論單一貨幣想法時，執委會自己的專家們所提出警告的問題。

一九七七年，執委會要求由唐納德·麥克杜格爾爵士（Sir Donald MacDougall）領導的一個資深經濟學家委員會，就單一貨幣運作所需的條件提出建議。他們得出的結論是，只有當歐洲的「政府」能控制至少四分之一其所有成員國之國內生產總值（GDPs），且能將大量資金從歐洲較富裕的地區重新分配給較貧窮的成員國，如此，單一貨幣方案才具有可行性。該報告警告說，「未能掌控此點」，其結果小則市場「停滯」，大則將導致「分裂和解散」。並且，若要允許希臘（Greece）和葡萄牙（Portugal）等窮國加入，「會讓這個問題更加嚴重」。

就像團體迷思一廂情願的思考模式一樣，所有這些專家們的警告都被拋在一邊。「整合」（integration）這個訴求，必須被放在首位，只不過出現了麥克杜格爾預料的結果。希臘和葡萄牙名列陷入困境的國家之中，這些國家由於持續遽增的債務而陷入自一九四五年以來西歐少見的經濟和社會困境。這個大災難是歐洲自己招來的，肇因於過度沉迷於那個想忽視任何國家層級的利益考量的欲望。但是，接下來的這個極難應付的歐洲危機，卻使各國變得更關心自己的利益。

此危機是來自從中東和非洲不斷湧入歐洲的移民和難民。難民營裡，堆滿移民及地中海沖刷上岸的屍體。歐盟看來無力招架，會員國一個接一個拼命地築起圍欄，以關閉邊界來保護自己的國家利益。

最初激發「歐洲計畫」這個夢想的關鍵要素，現在得出了相反的結果，並與未預見的現實相互衝撞。它曾經以為，自己可以忽略民主，消除「邪惡的」民族主義，但是現在，整個歐洲的民粹主義運動和新政黨，都憤怒地抗議被一個外來政權所統治，而這個政府似乎完全不必負責任，並且不顧人民的需求和願望，人民對自己國家的忠誠度，已經比對任何抽象的「歐洲公民」的忠誠度還要深得多。

二〇一四年，這種國族忠誠度的重要性又再次被凸顯，當時，歐盟野心勃勃地意圖擴張帝國版圖而接管烏克蘭（Ukraine）。烏克蘭在歷史上一直被視為俄羅斯民族認同的搖籃。同樣地，結果應該是可預測的。該強烈的民族認同感，驅使東烏克蘭和克里米亞（Crimea）說俄語的人民，希望由在莫斯科的俄羅斯同胞統治，而不是讓遙遠的布魯塞爾的外來政權統治。這是團體迷思的自欺欺人，與它試圖壓抑的現實之間相衝撞的又一案例。歐盟此舉激起了西歐與俄羅斯之間的危機，而西歐卻未曾設法理解導致危機的原因。

二〇一六年，出於類似原因，英國公投對歐盟又產生進一步的衝擊。英國公民投票選擇讓英國成為有史以來第一個退出歐盟的國家。誠然，有關於英國人民是否應該，以及應該如何脫離這個他們從未真正了解過的政府體系，爭論的雙方都有許多自我蒙蔽的團體迷思。不過，這又是另一個故事，而且這故事從各角度來看都尚未結束。

我已經詳細介紹過這個奇特的故事，真實故事的輪廓，大抵鮮為人知，因為這是團體迷思發揮得淋漓盡致的例子，在某層面上來說，幾乎與全球暖化恐慌的程度相當。

歐盟和全球氣候暖化這兩個故事有許多共同點。最初都只是由一小群人的構思出來的主意，最終卻成為一個「此其時也」。兩者都很快得到廣大群眾的支持，這些群眾不一定理解所有技術性的細節，但卻覺得這樣的想法具有不可抗拒的吸引力：一個提供機會以拯救歐洲脫離過去陰霾，另一個則要拯救地球的未來。兩者都經歷了一段很長的「夢想階段」，當時一切似乎都進行得非常順利美好，對該想法的批評或質疑，在社會和政治上看來都是不可接受的。然而最終，當未預見的後果開始出現時，兩者都進入了一個「挫折階段」，不過對於真正的信徒來說，這只會令他們那種不管任何困難都要堅持下去的決心加倍地增長。

但是，這兩個例子都一樣，當被現實進逼到無路可逃的地步時，這種決心最後導致了「夢魘階段」。以歐洲的例子來說，不可逃避的現實是無解的歐元危機、不斷湧入的移民，以及民族主義式民粹主義的興起以對抗不能滿足民眾需求的系統。在全球暖化的案例中，最主要的問題是，西歐以外其他地區的國家拒絕跟隨西歐的腳步，不願為了這個他們從沒真正相信過的理想來削弱自己的經濟發展。這個「全球暖化」的傳奇故事，正是我們下一個要來討論的團體迷思案例。

# 第七章

# 全球暖化

僅極少部分的科學家否認全球暖化的危機。爭辯階段已經結束了。科學界已有定論。

艾爾・高爾（Al Gore），一九九二年

勿人云亦云。

英國皇家科學院（Royal Society）座右銘

如果溫度攀升並不明顯，那麼這並不是由人為因素引起的，而是由這星球本身及太陽運動的相關自然因素引起的。沒有任何確切證據證明，二氧化碳與溫度變化之間存在正相關的關係……當我們看到這個基於極權主義意識形態的最大型國際冒險，嘗試利用假資訊和假事實來為自己辯護時，唯一能用來形容論爭的詞彙只有「戰爭」。

亞歷山大・伊拉里奧諾夫（Alexander Illarionov）

二〇〇四年

我們注意到美利堅合眾國（United States of America）決定退出《巴黎協定》

（*Paris Agreement*）……二十國集團（G20）中所有其他成員國的領導人在此聲明，《巴黎協定》是不能取消的。我們重申達成聯合國氣候變遷綱要公約（UNFCCC）之承諾的重要性，為此已開發國家將提供包括財政資源等實踐工具，來協助開發中國家……我們再次聲明，我們對於《巴黎協定》堅實的承諾，並朝全面執行該協定全速邁進。

二十國集團會議後發布之公報（Communiqué）

二〇一七年七月八日

認定地球正面臨「人為造成的氣候變遷」的前所未有之威脅，以致於達到「氣候緊急狀態」的信仰，可以說是科學史上，或是政治史上最不尋常的事件之一了。它引領科學家和政客們推想出一場能源供給上的全面革命，以改變人類供給現代工業文明運轉所需能源的方式，試圖逐步淘汰過去用來建構現代文明的化石燃料。

未來世代在回顧二十世紀後期和二十一世紀初期這場人為暖化大恐慌時，可能會認為這是我們歷史上最奇怪的事件之一。[1]但唯有了解人類群體心理的奇特

1 對於這個問題我有更詳細的討論，請見 https://www.thegwpf.org/content/uploads/2018/02/Groupthink.pdf

性，尤其需要了解團體迷思運作的規則，才能理解這種驚人脫離現實的事是如何發生的。

氣候意識形態，與之前討論的例子在關鍵面向有很多共同之處。與那些例子相似的是，它是源自於一小群被有關未來願景的想法所吸引的人們。和那些例子一樣，它以虛構未來的預測（或預言）為基礎，這些預測或預言，當時並無法確切被證明是對的或錯的。因此同樣相似的是，堅持這個信念系統必須被所有正確思考者的共識所接受，極為重要，因此需要利用各種社會、政治和心理的壓力來強迫人們遵從。同樣相像的是，這現象不可避免會對那些不願加入者做出反應，那些人必須被譴責為「異端分子」、「顛覆分子」或「否認者」，他們的反對聲音基本上都必須被無情壓制。

就這層意義來看，「接受共識」的思維模式就像一種傳染病。如果我們試著問那些彷彿被魔法綁住的人他們為什麼這麼相信那些說法，十之八九的結果會是：他們對於所相信的事其實根本一點也不了解。他們的腦袋裝滿了雜七雜八的咒語和錯誤的資訊片段（諸如北極冰融危及北極熊生存之類的），這些訊息通常都可被證明是與事實相反的。

不僅許多普通民眾如此，甚至那些受聘研究或有專業資格而能深入了解事實的人，例如環保記者、政治家和許多科學家們，也同樣如此。我的一個鄰居，是一所著名大學擁有良好聲譽的化學教授，當他談到全球暖化，他喜歡稱自己是以「科學家」的權威來跟我們解說。他鄭重地告訴我們，氣候變遷引起的海平面上升，最終會淹沒我們的村莊，即使我們村子是在薩默塞特（Somerset）幾百英呎高的山丘上。

這個例子與其他案例不同的是，它奠基在現代世界賦予科學的無與倫比的權威之上。與其他信念系統不同的是，它最終可利用實證確認的事實加以驗證。關鍵是，電腦模擬模型所做出的預測扮演極為重要的角色，而隨著時間的推移，這些預測可以與實際發生的客觀證據來進行比較。

然而三十年來，一切進展卻讓專家論者越來越多困惑。尤其他們對三個關鍵現象提出了質疑：一、「人類二氧化碳的排放使世界氣候快速暖化到危險程度」的信念被宣稱是全球科學家共識。二、許多被引用支持該信念的證據之根基與可信度。三、全球溫度並未如「共識」所依賴的電腦模型的模擬而持續上升。

但是，這個共識的支持者對那些質疑這一切的人（包括許多卓越的科學家與其他專家）的反應是極具敵意與輕蔑的，其群體心理行為模式，與我們用以識別「團體迷思」的三個判別特徵十分吻合，因此我們可以毫不猶豫地將全球暖化運動列為團體迷思的典型案例。

如我們所知，在最初十年左右，「大氣中二氧化碳的增加是全球暖化的直接導因」的理論，看來好像說得通。但一九九八年之後，其預測與真實世界的證據日益分歧了。陷於團體迷思中的那些人，對於這些歧異的回應卻沒有遵照適當的科學原則來質疑理論本身是否可能存在缺陷，相反，團體迷思的思維模式持續發揮作用，從一九九〇年聯合國政府間氣候變遷專門委員會（UN Intergovernmental Panel on Climate Change，IPCC）提出的第一份報告，到一九九二年里約熱內盧（Rio）「地球高峰會」（Earth Summit），全球暖化被採納為國際科學暨政治上的「共識」。

這齣強大的劇碼是如何開展的？迄今為止，最主要的特徵是「已開發」國家與世界其他地區之間的對峙，而西方團體迷思的力量在此對峙中，事實上發揮的影響力始終比想像中的少很多。

全球暖化，最諷刺的是，它最終在相當大的程度上被莫里斯・斯特朗（Maurice Strong）提出的全球回應核心原則所削弱，相較於其他人，斯特朗是使全球暖化議題政治化的最大施力者。他是加拿大商人，非常富有、屬於極左派。斯特朗從少年時代就堅信人類的未來在於將聯合國轉變成一個世界政府。他也成了政界最高層中非常有技巧的政治社交專家。一九七二年，拜他與聯合國首腦的私人關係之賜，他被委任在斯德哥爾摩組織一次「世界環境會議」（world conference on the environment），這促成他應邀成立一個新的聯合國機構「聯合國環境規劃署」（UN Environment Program，UNEP），並擔任首任首長。

事實上，斯特朗對於環境議題所知甚少，但他把這看作是一個關鍵機會，能利用聯合國的威望來大規模推動左翼的目標。他主張，地球的自然資源是全人類的共同遺產，因此過去透過剝削、利用這些資源而獲得不成比例好處的富裕西方國家，現在必須資助世上其他貧窮國家，幫助他們的經濟發展趕上西方的水平。

一九八五年，雖然斯特朗已辭去執行董事職位，但聯合國環境規劃署與世界氣象組織（World Meteorological Organisation，WMO）共同贊助在奧地利菲拉赫（Villach）舉行氣候會議。該會議被譽為「第一場氣候會議」，但主持會議的卻是繼任斯特朗在聯合國環境規劃署首長職位、想法相像的穆斯塔法·托爾巴（Mustafa Tolba）博士。[2]

一九八七年，這兩人擔任布倫特蘭委員會（Brundtland Commission）委員期

2 https://public.wmo.int/en/bulletin/history-climate-activities，二〇一九年十月十一日。

間，大刀闊斧地推進他們的目標，該委員會成功將「永續」這個詞變成未來數十年政客和官僚們的行話之一。由於他們提出的證據，以及引述菲拉赫會議結論的意見，布倫特蘭委員會的報告特別強調「人為導致的氣候變化」的危險，警告這可能使全球溫度升高到對農業產生嚴重影響的程度，使「海平面升高、淹沒沿海城市、破壞國家經濟」。該報告因此呼籲，全球應以最大努力來遏制二氧化碳和其他溫室氣體的排放。

同年，斯特朗在自己家鄉加拿大籌組的環境會議中扮演關鍵的幕後操縱角色，促成《蒙特婁議定書》（*Montreal Protocol*），該議定書是第一個「保護環境」的全球性公約，該條約成功逐步淘汰了氟氯化碳（CFCs）等破壞臭氧層的化學物質。這使斯特朗在全球暖化的討論中，找到一個更強大的主題可用來推動他祕密的長期政治目標。而在具有里程碑意義的一九八八年，所有條件似乎已都發展成熟。

首先，那年夏天在華盛頓，一個悶熱難耐的七月天，全球暖化運動的另一位最新信仰者詹姆斯・漢森（James Hansen）在參議院委員會中提出精心籌劃的證言，號召為反全球暖化而團結。他當時是美國航太總署（NASA）戈達德太空研究所（Goddard Institute for Space Studies, GISS）的負責人，主掌全球主要的官方氣溫紀錄之一。於美國媒體已事先被告知，因此大批媒體出席了這場由蒂姆・沃斯（Tim Wirth）議員主持的聽證會，在場的委員會成員中也包括參議員高爾在內。記者們被通知保證他們能聽到一些很轟動的消息。漢森狂妄地警告說，世界正走向一個全球性的世界末日之善惡大決戰（Armageddon）。他的證言，如預期地在整個美國乃至全球都變成令人驚悚的頭條新聞，包括登上《時代雜誌》和《新聞周刊》（*Newsweek*）的頭條。此舉無疑讓沃思和漢森成功地將全球暖化危機炒作成媒體關注的焦點。

另一方面，同年十一月在日內瓦（Geneva），由世界氣象組織和聯合國環境規劃署共同出資成立的一個新機構「聯合國政府間氣候變遷專門委員會」，也舉行了成立大會。儘管聯合國政府間氣候變遷專門委員會對外推銷的形象是一個公正的世界科學家組織，但那些設立此專門委員會的人卻從沒打算是要讓它成為那個樣子。最該負責的兩個人，是該專門委員會第一任主席博林（Bolin）及負責專門委員會第一份報告書中最重要章節氣候變遷科學的「第一工作小組」（Working Group I）主席，霍頓（Houghton）。不僅他們兩人完全相信「人為導致的氣候變遷」，幾乎所有代表三十四個國家政府出席聯合國政府間氣候變遷專門委員會第一次會議的其他人，也都如此深信，這點從每個政府代表所轉呈的國家聲明中可以看得出來。[3]聯合國會員大會決議在短短兩年內聯合國政府間氣候變遷專門委員會將提交其第一份「評估報告」，報告的關鍵要素是電腦模擬模型，設計來預估二氧化碳濃度升高會讓世界暖化的程度。[4]

當《第一份評估報告》於一九九〇年發表時，全球頭條新聞都紛紛引用報告中「政策決策者摘要」所宣稱的：聯合國政府間氣候變遷專門委員會「確信單單二氧化碳排放的增加」就要為「超過半數以上近期的全球溫度上升」負責，並且「將要求立即減少人類活動產生的排放量達百分之六十以上」。[5]

根據目前的模型，該摘要預測除非採取劇烈措施，否則二十一世紀全球溫度每十年會升高攝氏〇．五度，這一增幅遠超過過去一萬年所見的增幅。雖然在過去一百年中，溫度已經升高了攝氏〇．六度，但這些模型現在所預測的可能性，

---

3 世界氣象組織／聯合國環境規劃署政府間氣候變遷專門委員會第一屆會議報告，一九八八年十一月九日至十一日，日內瓦（Geneva）。https://www.ipcc.ch/meetings/session01/first-final-report.pdf

4 自設立之始，政府間氣候變遷專門委員會就協議將評估報告分為三個部分。第一工作組將負責評估全球暖化的科學和程度，第二工作組將專注於全球暖化的「影響」，第三工作組則考慮「緩解」暖化影響的方法。第二工作組和第三工作組的分析，預期是以第一工作組的調查結果為基礎。

5 參考林岑（Richard Lindzen），〈全球暖化：所謂科學共識的起源和性質〉（Global warming: the origin and nature of the alleged scientific consensus），一九九二年四月十三日至十五日在維也納舉行的石油輸出國組織（OPEC）環境研討會論文集，載於卡托研究所〔Cato Institute〕網站，以及二〇〇七年三月三日《世界週》（*Die Weltwoche*）對林岑的訪談。

是每十年就會達到類似這個數字的增幅。

但是，這個政策決策者摘要是霍頓自己寫的。如果仔細閱讀這份長達數百頁的報告書，就會發現其宣稱的內容摘要與報告書實際所呈現的相當不同。部分負責調查的科學家不是提出完全相反的結論，就是說得保守、謹慎。舉例來說，其中一頁承認：

> 自上次冰河期以來，即便沒有可觀察得到的溫室氣體增加，較大幅度的全球暖化幾乎可以肯定至少發生過一次……（並且）因為我們並不了解這些過去暖化事件的成因，所以不可能將近期較小型氣溫上升中的特定比例，歸因於溫室氣體的增加。

但是，霍頓對報告的真正發現做出危言聳聽的加工，如其所願地引起全球媒體和政界的注意，那也是他的盟友斯特朗想要的。而斯特朗此時甚至正在為他所計劃的、兩年後將在里約熱內盧上演的空前壯舉做準備。

斯特朗在一九九二年於里約所籌劃並主持的「地球高峰會」（Earth Summit）中，最大的成就就是將世界分為兩個不同的群體：「附件一」（Annex I）的西方國家及世界其他地區的「開發中國家」。西方國家被期望必須大幅削減其排放量，而開發中國家在經濟趕上西方國家之前，大體可以免於受此限制。

但是，一九九七年在京都，西方的團體迷思卻掌握了主導權，首次就減緩世界氣溫上升的實際步驟達成協議。協議中，要求西方較富裕國家減少二氧化碳排放量，同時卻允許那些仍在「開發中」的國家（例如中國和印度）繼續增加二氧化碳排放量，直到它們經濟發展趕上西方國家。

最終，這個西方與世界其他地區之間的分歧，成為整個故事的癥結所在。好幾年的時間裡，共識所支持的這個理論似乎是可行的，因為二氧化碳水平和全球溫度都持續一起升高，正如共識所依據的電腦模型預測的一樣。一九九八年的溫度是紀錄史上的最高溫，與太平洋上異常強烈的聖嬰現象（El Niño）事件相吻合。

在二〇〇四年至二〇〇七年期間，「共識」似乎仍然能維持其信眾，但它所做的關於全球暖化對地球構成之威脅的各項主張，變得越來越誇張和極端，最明顯的例子就是高爾的紀錄片《不願面對的真相》（An Inconvenient Truth）和二〇〇七年聯合國政府間氣候變遷專門委員會的《第四次評估報告書》。也正是這個時候，「共識」出現了嚴重的裂痕。自從一九八八年的聖嬰現象以來，全球溫度並未如電腦模型預測般地升高，也就是後來稱為「暖化停滯」（'the hiatus' 或

'the pause'）的爭議。許多例子可以用來證明，當「共識」的支持者第一次遭到來自團體迷思之外世界一流科學家們的挑戰時，他們的反應是如何不理性。部分「共識」內部的科學家，試圖對理論進行局部修正，以解釋為什麼這些預測不再被證據支持。二〇〇七年左右，由於全球氣溫驚人地下降，他們第一次開始懷疑「自然因素」（例如世界主要洋流的變化）對氣候的影響力是否真的沒可能超過聯合國政府間氣候變遷專門委員會電腦模型所允許的範圍。

最終，甚至連聯合國政府間氣候變遷專門委員會和英國氣象局（UK Met Office）也承認，在一九九八年之後的幾年裡出現了溫度「暖化停滯」。但他們也試圖解釋，這些自然因素僅僅是「掩蓋潛在的暖化趨勢」，在適當時候該趨勢又會重新出現，或主張說，人為暖化所產生的熱量不再可見，是因為它「隱身於海洋中」。聯合國政府間氣候變遷專門委員會在二〇一三年發布的《第五次評估報告》支持這一說法。該報告採納的理論，主張停滯期間全球的熱量有九三％已被海洋吸收，只有一％造成地球地表溫度升高。[6]其他科學家則單純忽略這些越

6 聯合國政府間氣候變遷專門委員會的主張，以兩篇論文為基礎：第一篇是由約翰．邱奇（John Church）等人所撰寫，發表於二〇一一年九月十六日的《地球物理研究報》（*Geophysical Research Letters*），領導該研究的邱奇，長期以來一直是有關海平面上升這個「共識」的最主要倡導者。第二篇是由萊維圖斯（Levitus）等人所著（發表在同一本期刊上，二〇一二年五月十七日）。九三％這個主張來自後者。這些論文的發表讓「共識」支持者如釋重負，因為它們為暖化停滯提供了全新的解釋。到二〇一六年聖嬰現象激增之時，這些研究使他們得以聲稱這種暖化停滯從未存在過，直到溫度又再次下降。

來越多的、證明電腦模型錯誤的證據，或更糟的是，開始操縱這些證據。例如對地表溫度紀錄的大量「調整」，以證明全球的確如理論所預期的，仍有持續暖化的現象。

在此期間，網路上出現了挑戰「共識」的反共識者，這些人原本是共識所依賴的每項科學主張的技術專家們。正如詹尼斯的第三條原則所述，這促使共識的支持者開始將任何不同意他們的人，醜化成是「反科學」的「氣候暖化否認者」。

當然實際上，正是那些提出質疑的人，像是林岑和保羅．賴特（Paul Reiter），才是真正試圖捍衛科學的人。最後，質疑的人甚至還包括國際科學界重量級的傑出人物如普林斯頓的兩位資深物理學家，弗里曼．戴森（Freeman Dyson）和威爾．哈珀（Will Happer）。

在二〇〇九至二〇一〇年，該共識遭受了三次最破壞性的打擊。第一次打擊是俗稱「氣候門」（Climategate）的電子郵件外洩事件：一小群聯合國政府間氣候變遷專門委員會的核心科學家之間未公開的訊息被駭。這些郵件在二〇〇九年自氣候研究小組（CRU）外洩，透露出這一小群緊密相連的科學家之間曾經有過的焦慮和憤怒，而他們現在都成為聯合國政府間氣候變遷專門委員會的核心人物。在電子郵件中，他們的名字全都被清楚列出：邁克．曼恩（Michael Mann）、班·桑特（Ben Santer）、湯姆·威格利（Tom Wigley）、斯蒂芬·施耐德（Stephen Schneider）、喬納森·歐弗派克（Jonathan Overpeck）、凱文·特倫斯（Kevin Trenberth）和蓋文·施密特（Gavin Schmidt），後者是漢森在戈達德太空研究所的副手，並負責兩個主要的全球地面溫度紀錄之一。在東安格利亞（East Anglia）大學，他們的親密戰友氣候研究小組主任菲爾·瓊斯（Phil Jones），則負責另一個地面紀錄站——哈德利研究中心（Hadley Research Centre，HadCRUt）。

這些電子郵件還揭示了：就在曼恩製作他的全球溫度「曲棍球桿」曲線圖時，瓊斯氣候研究小組的同事基思·布里法（Keith Briffa）已經試著繪製出極類似的曲線圖。他同樣利用樹木年輪作為分析的「代用品」，只是樹木來自西伯利亞。然而，令人沮喪的是這些資料似乎也顯示在二十世紀下半葉溫度明顯下降，這表明它們根本不適於作為溫度分析的代用品。換句話說，他們把樹木年輪切片中不能給予他們想要的圖形的部分，切除掉了，然後結合近幾十年來的溫度計所測的溫度，使它們看上去比中世紀時代要溫暖得多。

第二次打擊是來自長期規劃的哥本哈根會議的失敗。該會議原本希望促使各國合意簽訂新的全球氣候條約，不過同樣因為開發中國家與西方國家之間的分歧而失敗收場。第三次則是一系列的醜聞，揭露二〇〇七年聯合國政府間氣候變遷專門委員會報告中，最驚人也最廣泛被引用的主張根本不是基於科學所得出的結論，而是基於新聞稿中的聲明和氣候運動分子提出的虛假報告。

對於氣候門電子郵件事件和聯合國政府間氣候變遷專門委員會的醜聞，氣候「建制派」竭盡所能捍衛自己的陣線，支持者上演了一系列據稱是獨立的調查。領導辯護工作的是氣候門電子郵件案涉及的資深科學家或聲名卓著的人物，像是政府的首席科學顧問大衛・金恩爵士（Sir David King）及皇家科學會的主席梅德勳爵（Lord May）和保羅・紐士爵士（Sir Paul Nurse）。多麼諷刺啊！據稱（不只是皇家科學院裡那些持反對意見的會員這麼說），自一六六〇年代以來，這個史上最悠久、最受尊敬的科學學會的座右銘一直是「勿人云亦云」，也即「不輕信他人之言」。

自從羅伯特・胡克（Robert Hooke）、羅伯特・博伊爾（Robert Boyle）和艾薩克・牛頓（Isaac Newton）的時代以來，這個令人尊敬的學會裡，無數傑出的成員都知道這座右銘是科學原則中最根本的。任何新的科學命題，都不應僅憑他人的話語就接受為真，除非他們能證明它是由證據充分支持的。要檢驗任何假設，必須查看所有證據，確保已充分考量所有可能使理論無效的證據。

但這全是「二氧化碳等於全球暖化」理論恰恰背離的。幾乎整個西方科學界都因為這個理論的簡單性而興奮過頭，以至於從未對其進行科學適當的質疑。他們的電腦模型按照這個理論來設計，他們對所有認為該理論可能有缺陷的質疑，都認為只要予以忽略或加以嘲笑就夠了。即使當更多證據顯示該理論並未如預期般發展，他們的回應卻是：要不是找個方法從邊邊角角稍微修飾該理論，以便能繼續主張其理論為真，就是發明新的「事實」讓理論看起來仍然合理。因此，從一開始，整個紙牌屋就以「輕信他人之言」為基礎，從未對假設進行檢驗或進行任何真正的科學辯論。

然而，不論他們多麼努力、一遍又一遍地扭曲證據來支持他們的理論，堅固的事實仍不斷冒出頭來顯示相反的狀況。這就是為什麼終有一天，未來世代回頭看這個故事時會覺得不可思議，然後驚訝地問：「這種事到底是怎麼發生的？」

在二〇一〇年到二〇一四年間，儘管支持共識者例如英國廣播公司及英國氣象局，努力讓氣候暖化的警告能撐下去，但很明顯的，已經不再可能繼續維持哥本哈根會議之前幾年間所達到的狂熱高點了。

接著發生的看來是「共識」圈做出的最後一搏：二〇一五年，在巴黎又再度舉行另一場全球氣候會議。會議之前，每個國家提供的報告書稱為《INDC》，也即《國家自定預期貢獻》（*Intended Nationally Determined Contributions*），各國明列其預期的未來能源政策。如果真有那麼一個時刻，當現實終於粉碎了西方國家一廂情願的想法，那個時刻就是所有這些《國家自定預期貢獻》的出版日。

這些報告書明確顯示，無論西方國家可能計劃減少多少「碳」排放量，由中國和印度帶頭的世界其他地區，卻計劃在二〇三〇年前建造足以令全球排放量增加幾乎百分之五十的石化燃料發電廠。中國打算將排放量增加一倍，印度則預計增加三倍。排在世界前二十大排放國名單中的其他「開發中國家」及俄羅斯和日本，幾乎都預計排放量會大幅增加。總體情況看來是，儘管美國（當時仍在歐巴馬的領導下）和歐盟提議到二〇三〇年將每年的二氧化碳排放量減少十七億噸，但印度計劃將其排放量增加四十九億噸，中國計劃將排放量增加一〇九億噸。這顯然是筆好交易。[7]換句話說，世界其他地區完全無意遵循《巴黎協定》的目標：就世界經濟發展全面「脫碳」達成共識。然而令人驚訝的是，已開發國家們是如此地迷失在團體迷思中，以至於西方媒體未能意識到正發生的事實真相。

7 有關實際數字的計算方法，參見霍姆伍德（P. Homewood），〈巴黎不會阻止二氧化碳排放量的增加〉，《沒多少人知道的事》（*Notalotofpeopleknowthat*），二〇一五年十一月十七日。他從《國家自定預期貢獻》報告中擷取更確切的數字是：美國和歐盟共減少了一八五六億噸，印度增加了四八九五億噸，中國增加了一〇八七一億噸。

至少從兩個方面來說，這應該被視為具有歷史重要性的時刻。首先，它顯示了世界其他國家對西方這種自欺欺人的看法。這些國家宣布的事完全嘲弄了《巴黎協定》想達到的一切目標。第二點，也幾乎同樣重要，西方政客和媒體在認識並報導真正發生的真相這點上失敗的程度。任何僅從西方新聞報導來了解《巴黎協定》的人，根本無法知道非西方世界國家提交到檯面上的是什麼。很少有記者讀過這些INDC，他們報導的只是國際氣候暖化建制派為了假裝達成什麼重要工作而向他們噴灑的宣傳煙霧。

這之前的一個前奏（與二〇一五／二〇一六年又一次創紀錄的聖嬰現象事件恰巧同時），是全球氣溫非常明顯地上升，以至於人們聲稱「停滯」已經結束了。但是，世界各地的專業分析師發現，地表溫度紀錄中的數據已經被全面「調整」過，以給人一種全球溫度呈大幅上升趨勢的印象，這上升程度遠超過原始紀錄的數據所推測的。

拒絕巴黎協議的一個關鍵人物是美國總統川普（Trump）。川普於二〇一七年七月，揭穿了這世界所知最具損害性的團體迷思，並讓美國從《巴黎協定》中撤出。儘管西方國家開始採取成本更高、更具經濟破壞力的計畫來減少他們的排放量，川普是第一個對這些國家自定預期貢獻的實際內容打破沉默的西方領導人，他在演講中明確提到這些報告書的問題，透露《巴黎協定》只不過是個空虛的假象。終於，西方最重要的政治家們開始質疑這個過去三十年來曲折拼湊而成的政治幻想大廈。無論我們怎麼看待川普及他所提出的理由，他的演說終於開始打擊那搖搖欲墜的結構。

他之所以能這麼做，是因為所有這些「開發中國家」都表現出他們對西方世界願景的看法，除了一些偏激的搞公關的人提到「再生能源」（renewables）的必要性之外，他們根本不在乎西方團體迷思想要他們做什麼或說什麼，他們將繼續追求自己的經濟成長，繼續大量焚燒恰恰是這些團體迷思希望從地球消滅的石化燃料。

儘管二〇一七年七月川普也出席的第一次 G20 會議的會後公報，報導了各種假惺惺的說詞，事實上整個地緣政治的平衡已發生決定性的變化。現在那些致力於減少二氧化碳排放的國家，除了加拿大和澳大利亞之外，都是歐盟會員國，但他們總共僅占世界總排放量的一一．三％。其他附件一（Annex 1）的國家中，明列 G20 集團中的僅有日本和俄羅斯，它們總共也只占全球二氧化碳排放量的八％。

這兩個國家與其他在二〇一七年七月 G20 漢堡會議之後，同意該公報的其他國家一樣，他們明確表示將投入興建更多的燃煤電廠，從而增加其國家排放量。有了這份完全不誠實的文件，全球暖化的政治團體迷思之自欺欺人，比過往任何時候都更加清楚曝露出來。

最諷刺的是，無論氣候變遷建制派是否得到他們想要的條約，在巴黎所發生的一切，對於地球氣候的未來一點影響都沒有。地球的氣候將如往常一樣繼續發生變化，因為自然因素之間複雜的交互作用，例如洋流的週期變化、太陽的活動這些自然因素，而這些正是被團體迷思弄昏頭的科學家們長期以來一直忽視或甚至從未真正嘗試理解的。

巴黎會議給我們上的一課是，它標誌著團體迷思的真相被清楚揭露。雖然它繼續控制著西方世界，但越來越明顯的是，在東方充滿動力並快速增長的多個經濟體領導下的世界其他地區，對這麼多西方國家都承諾要採取的措施，並沒什麼興趣。實際上，這只反映了最近地緣政治上的一起事件。從政治上、經濟上到文化上一個又一個的衡量指標中，我們已經看到，西方世界逐漸失去數世紀以來所享有的世界重要地位，以及伴隨該地位而來的權威。其他國家，特別是中國和印度，已經追上並將取代和超越他們。近幾十年來，中國經濟已躍升世界第二大經濟體，印度也正快速追趕，從某一個指標上，印度已經位居第四位了。根據預測，到本世紀中葉，這兩個人口最多的國家不僅將是兩個最大的經濟體，而且印度甚至可能超越中國。

近年來有許多跡象顯示，西方，尤其是歐洲地政治權力和影響力正在下降。從這個面向看，西方企圖在巴黎簽訂具拘束力的條約被拒後，甚至川普也退出了，日後回顧那個時刻的時候，可能會被認為不僅是大型氣候恐嚇計畫開始失去力量的時刻，也可能被視為在更廣泛的歷史中更重要的一個里程碑：我們現在才剛開始模糊了解其性質，而尚無法預見其全部的影響。

毫無疑問，我們現在正進入故事的一個全新章節，這一章節裡，歐洲和英國已經非常被孤立了。這些從外部擠進的新現實，遲早會令這個我們長久以來生活在其中的、科學和政治上自欺欺人的泡泡，變得難以為繼。

這就是為什麼現在比以往任何時候都更重要的是：要了解究竟是什麼造成這三十年來與現實脫離的狀況。這就是團體迷思讓人們進入幻想狀態的驚人力量的一個絕佳案例，而幻想之所以稱之為幻想，正是因為最終總是以幻滅收場。但是，對於人為氣候暖化的信仰，只是我們現今社會中數不盡的團體迷思發揮其威力的例子之一而已，而所有這些例子裡的行為表現，都依循了詹尼斯所定義出來的規則在走。

第八章

# 達爾文主義的奇特故事

因此，對演化論的信仰，與對創造論（special creation）的信仰，是完全平行的——兩者都是信者恆信。但迄今為止，卻未能提出證明。

哈里森．馬修斯（L. Harrison Matthews）為其編輯的一九七一年版查爾斯．達爾文（Charles Darwin）的《物種起源：天擇或在生存競爭中保存優勢族群》（*On the Origin of Species by Means of Natural Selection, or the Preservation of Favoured Races in the Struggle for Life*）所寫的緒論

過去有段時間，卡爾．馬克思（Karl Marx）、西格蒙德．弗洛伊德（Sigmund Freud）和查爾斯．達爾文（Charles Darwin）被認為是塑造現代世界思想上最具影響力的三位十九世紀學術巨人。這三位有鬍子的先知中的兩位，現在或多或少已經從之前的聖像上倒下了。只有達爾文依然矗立，而且聲譽比以往更崇高。

達爾文的「此其時也」的想法，是他在《物種起源》（一八五九年）對於地球上生物的演化是如何發生的之描述。自十八世紀中葉以來，特別是在法國和英國，越來越多「自然哲學家」及早期的地質學家開始接受這樣的想法，亦即：地球上的生物在漫長的歷史中，已發生了某種演化。但是達爾文的神來之筆是，他聲稱他發現了演化過程的機制和組成原理。

他主張，微小的變化會在任何形式的生物身上發生，其中某些變化可能使其更適於生存。如果時間夠長，這些各個微小的變化最終可能會朝一個特定的方向累積，直到形成全新物種。因此，在無限延長的地質時間裡，最簡單的生命形式逐漸演變成為更複雜的生命形式，直到「生命之樹」（tree of life）製造出智人（Homo sapiens）。

達爾文的想法在他年代裡之所以很有吸引力，是因為兩個原因。其一是他的理論看起來很簡單。另一個理由是，當科學取代宗教，成為用來解釋世界如何運作最可靠的權威時，這個理論除去了所有超自然的造物主的觀念。他用一段敘事說明演化如何透過純自然的過程而發生，以此取代造物主，這個演化過程無需任何的聖靈指引或目的。今天，達爾文大受推崇，他對演化是如何發生的描述長久以來被世界科學界接受為「共識」，因為這個理論從未被成功挑戰過。

少年時期的我，曾經就讀於舒茲伯利公學（Shrewsbury School），對地質學充滿了熱情。週日下午，我總是在什羅普郡南部的山丘上尋找化石，當時我身邊的人都認為我是怪人。但是我卻很開心，因為我發現我的所作所為與我們學校最傑出的校友「達爾文」在一百三十年前所做的幾乎一樣。當時我雖然很快讀完了《物種起源》，但由於我太忙於在當地的採石場中尋找三葉蟲化石，以至於對該書印象並不深，不過有一種模糊的感覺，認為他理論中的某些觀點可能並不完全令人信服。

直到一九七〇年代，我才發現很有趣的是，多年來有多少傑出的科學家們對他理論提出了嚴重質疑。包括兩位與他同一時代的傑出人物，一位是哈佛大學的路易斯．阿格西斯（Louis Agassiz），他是當時最受尊敬的地質學家和生物學家，達爾文曾寄一本早期版本的《物種起源》給他，以及另一位，倫敦自然歷史博物館的創辦人理查德．歐文（Richard Owen），他發明了「恐龍」這個詞。當我更仔細閱讀《物種起源》之後，令我驚訝的是，達爾文本人非常敏銳地找出了四個反對他自己理論的主要論點。他說，如果不能令人滿意地回答這些問題，他將不得不承認，整個理論必須被推翻。但是，更令人驚嘆的是，達爾文本人嘗試回答這些反對意見的方式：

### 1. 欠缺「過渡物種形式」

達爾文指出，他的理論有個嚴重問題，無論我們觀察哪裡的古生物學紀錄，我們會發現，每一個化石都是明顯可識別的物種。當一種生命形式演變為另一種時，所有那些顯示過渡階段的化石在哪裡？正如他本人在第十章中指出的：「對這個理論可以提出的最明顯和最嚴重的反對論點，是欠缺從一個特定物種演化到另一個物種時的過渡形式。為什麼每種地質構造和每個地質層裡並未塞滿這種過渡物種形式的化石呢？」

達爾文的答案很簡單：「我認為，正確的解釋是，因為地質紀錄是極度不完美的。」換句話說，他的辯解是當我們發現更多化石之後，就能發現這些過渡的物種形式。

## 2. 演化上的躍進

達爾文說，他理論中的另一個可能缺陷來自於故事中的部分事件，例如開花植物的出現，演化在此似乎突然發生急劇的躍進。他特別提到一些複雜器官的出現，這些器官的每個部分，都需要與器官的其餘部分相互依存運作，使器官發揮功能。這一點怎麼可能透過僅僅是無限多的小變化的積累來實現呢？達爾文意識到這個問題非常嚴重，以至於他在第六章中寫道：「如果能證明任何一個複雜的器官是完全不可能通過無數次連續微小的修正而形成的，那我的理論將徹底瓦解。」但他唯一的回答是：「我找不出這種情況。這世上無疑有許多種器官我們還沒有找到發展的紀錄。」換句話說，他又回到他對於第一個問題的回答。也就是說到目前為止，化石紀錄還不完整。當我們發現更多化石時，這個質疑就會獲得解決。

### 3. 複眼作為特例

達爾文的下一個質疑是，關於相同問題更具體的實例：他的理論該如何解釋寒武紀初期，在最早的三葉蟲和許多其他脊椎動物中，突然出現極度複雜、精密的複眼？

對此他再次坦承問題的嚴重性，承認：「要說複眼這種獨一無二的精密設計……是由自然天擇所形成的。我可以非常坦白地說，荒謬到了極點。」但這次他的回答更加心口不一。他繼續詳細描述了從最簡單到最複雜的各種不同形式的視覺器官，但最後結論卻僅僅是他片面的斷言，他聲稱：「當我們考慮到現在所有的生物形式與那些已經絕種的生物形式相比，數量是如此相對的少……去相信透過天擇可以將簡單的視神經……轉變成任何有節生物（Articulate Class）的視覺構造，便不是那麼困難了。」

換句話說，達爾文甚至連試都沒試著解說化石紀錄中複眼如此突然出現的過程——複眼那時已具有所有複雜的相互依存組成部分——而只是向我們保證說：

我們應該沒有很大的困難去相信天擇是可以引致這樣的演化的。他沒提供任何證據解釋這是怎麼發生的，就像他對其他問題的答案一樣，他再次要求我們把這當成信仰般相信，就像他對自己的主張所做的那樣。在假設的未來裡，當足夠多的新化石出現，這些化石最終將呈現出那些難以捉摸的「過渡物種形式」而證明他的理論是對的。

## 4. 寒武紀生命大爆發

達爾文最後在他理論的「另一個類似難題」清單中加入「更加嚴重」的一個：動物界的主要門系，以非常突然的方式出現於化石岩的最底層。

他在這裡約略提到的這個問題，實際上至今依然是整個演化論故事中最大的謎題之一，也就是後來所說的「寒武紀生命大爆發」。儘管達爾文並未精確描述，但他發現的問題是：在五．四億年前，寒武紀剛開始時的地質層中，為什麼大量生物化石突然出現超過二十六種新的動物門的物種（大致上按照它們的身體結構進行分類）？所有這些複雜許多倍的生命形態，在之前的化石層紀錄中都無跡可尋，若按照他的理論，它們是如何能無中生有似地突然演化出來呢？在此之前，所有寒武紀之前的地質層僅能見到三種非常簡單的動物門的物種，而寒武紀之後的整整五億年間的化石紀錄裡，也只又增加了四門物種。所以，到底寒武紀開始的時候所有這些眾多的新動物門系是從哪裡來的？若按照達爾文理論的精髓，即「非常緩慢的階段性演化」，那它們如何可能這樣出現呢？

從科學上來說，至今這個問題仍然像達爾文當時所說的那般重要。對於為什麼在寒武紀之前的那段假定的演化最早期階段中，我們沒找到豐富的生物化石遺跡？正如他在第十章中坦白承認的：「我不能給出令人滿意的答案。這個問題目前必須繼續認定是無法解釋的。」

他承認，他的解釋顯然不夠，他必須提出讓他理論看起來似乎仍然是合理的解釋。他做的就是回到他那個老掉牙的藉口——化石記錄不完整。他說「埋藏在廣闊的大海底下，必定是包含所有失蹤的過渡生命形態的地層，這些生命形態在前寒武紀末期一直持續演化著」。又是同樣老掉牙的話：未來終有一天證據會被找到，證明他的理論是對的。他在書中最後一次重申他的保證，亦即當更多化石出土時，也許在廣闊的、未經勘查的太平洋海床下，我們會發現所有遺失的證據，所有那些被埋藏在連續地層中的生命形式，那些讓我們誤以為是忽然出現的生命形式。基於這個觀點，他（帶著一個如釋重負、大聲到幾乎可以聽到的嘆息）總結說：「上述所討論的困難已經大幅減少，或甚至消失了。」

一百五十多年後的今天，已知的化石紀錄與一八五九年時的紀錄相比，在完整性上倍增了，但還是沒有出現他所說的那種證據，而且越來越清楚肯定的是，那種證據將永遠不會出現。然而，基於達爾文一廂情願的想法，歷史上最有影響力的科學理論之一卻因而奠基，至今仍被全世界公認為關於地球生命如何演化的最令人信服的解釋。

## 偶然或是精心的設計？

一九七九年，因為英國廣播公司製播由大衛·阿滕伯羅（David Attenborough）主持的電視劇集《地球上的生命》（Life on Earth）大受歡迎，我在《旁觀者》雜誌上寫了一系列文章，討論在過去兩百年來，有關演化論的辯論在主要爭論點上的演變。

故事開始於十八世紀中葉，當時的前衛思想家們，像是法國的皮埃爾·路易·莫佩爾蒂（Pierre Louis Maupertuis）和喬治-路易·勒克萊爾（George-Louis Leclerc），以及其後英國的達爾文的祖父伊拉斯穆斯·達爾文（Erasmus Darwin）等，首先做出生命已經演化的結論。這不僅與聖經裡關於上帝如何在六天內創造地球及所有生命形式之說法相矛盾，而且與長期盛行的亞里士多德教派正統教義（Aristotelian orthodoxy）「每個物種是分別被創造出來的」也相矛盾。到十九世紀，早期地質學家諸如達爾文的朋友查爾斯·萊爾（Charles Lyell）已經對化石紀錄有了足夠的了解，可以斷言這種演化過程只有可能在長達數百萬年的時間裡發生。

但這一切看起來還不違背「演化是由一個超自然的意志和力量所創造設計的」這樣的信仰。雖然從十七世紀開始，像牛頓等人那樣的現代科學家，讓人類對於世界運行之自然法則的了解有驚人進步，但他們對這一切卻充滿了敬畏，因為這一切是如此巧妙和複雜地結合在一起，在完美的平衡下發揮其功能，牛頓和自然學者約翰·雷（John Ray，一六二七～一七〇五）總結說，只有神聖的智慧（divine intelligence）才可能設計與創造這一切。

威廉·帕維（William Pavey）在一八〇二年所寫的《自然神學或神的存在與屬性的證據》（*Natural Theology or Evidence for the Existence and Attributes of the Deity*）呼應了這一觀點，他在書中主張，如果呈現在我們面前的是一支手錶，而它的各部分完美結合在一起，我們唯一能做的合理假設是：它是由一個「有智慧者」組裝而成的。而大自然及被創造出來的世界，是在全宇宙的規模上演示了同樣的

「智慧」，這只能是上帝存在的證據。然而，當演化論的想法逐漸取而代之，它遲早無可避免會引發一個問題，那就是如何將其與猶太基督教（Judaeo-Christian）的官方觀點相調和，也即所有生命形式都是在幾千年前不超過一個星期之內被分別創造出來的？

對生命是如何演化的這個問題，第一個嚴謹的科學解釋是在帕維的書出版沒幾年後，距達爾文出書還很久時所提出的。一八〇九年，也即達爾文出生那年，法國生物學家讓－巴蒂斯特．拉馬克（Jean-Baptiste Lamarck，一七四四～一八二九）提出了他對於這理論第一次完整的論述：藉由一種內在的生存意志，某些生命形式為了能更好地適應環境，而開始發展出新能力，這些「後天得來的特徵」又遺傳給他們後代，直到這樣的變化導致一個全新物種的出現。

拉馬克的理論贏得許多學者的擁護，但並沒有引起與聖經正統教義派的嚴重對立。真正的對立要等到五十年後，當《物種起源》出版時，一場爭論的風暴才終於掀起，風暴的核心在於許多頂尖的英國基督教徒對人類可能是猴子後裔這樣的想法的恐慌。儘管達爾文把拉馬克的理論說成「垃圾」，關於新物種是如何產生的，當時的論爭確實有這三個不同的論點，而後，在大眾心目中很快被簡化為兩個。論爭的一端，是至今仍由少數被廣泛嘲諷的「六日創造論者」（Six-Day

Creationists）所支持的古老基督教正統教義，亦即所有物種都是同時被創造出來的；另一端，則是現在普遍被認為是該領域的無可置疑的大師，達爾文的天擇說，在一百六十多年來已被塑造成了我們這時代的新正統。

但是，創造論者（Creationists）和達爾文主義者（Darwinians）有個共同點是，兩者都堅定相信自己是對的。在一個極端上，創造論者的信念仰賴於聖經《創世記》的記載；而在另一個極端上，達爾文主義者則相信新物種是通過無盡相續的偶然變化而創造出來的。諾貝爾獎得主、法國生物學家雅克．莫諾（Jacques Monod〔一九一〇～一九七六〕）在他公開的聲明中總結這個信仰為「偶然本身就是所有創新的源頭」（莫諾因將此描述為「蒙特卡洛遊戲」而聞名），以此，化學物質的隨機組合，製造出了一種自我複製的分子，這是生命奇蹟的關鍵先決條件，透過純粹隨機的突變與天擇，這遊戲最終創造了智人。

整個地球上生命誕生的故事，都是透過莫諾的偶然賭博輪盤來完成的，這樣的信仰也被莫諾之前的，以及從莫諾開始的許多新達爾文主義者所呼應，像是哈佛大學古生物學家喬治．辛普森（George Simpson〔一九〇二～一九八四〕）堅持認為「人是無目的、唯物主義過程下的產物」。而朱利安．赫胥黎（Julian Huxley）也說「天擇不僅是不可避免的，它不僅是演化的有效機制，而且是唯一的有效機制」。

人們較不明白的是，自從達爾文的年代以來，還有第三種觀點。相當多極有見地的論者支持這個觀點，它以一種存疑的眼光來看待這神祕的演化過程。從阿格西斯和歐文開始，這些人中不但有繁星般眾多的著名科學家，也有聰慧的平民評論家，諸如蕭伯納（Bernard Shaw）和亞瑟・科斯特勒（Arthur Koestler）。如我在一九七九年所寫的，這些「創造演化論者」（Creative Evolutionists）（借用蕭氏的話）顯然已經接受了這樣一個事實，即：過去六億年間，複雜的生命已發生演化。但他們不能接受以達爾文式的過分簡化的解釋，來詮釋他們的觀察結果。他們認為，新生命形式出現的過程，是由偶然性和隨機變化之外的其他因素所掌控的。他們得出的結論是，演化論故事的許多重大奧祕和謎題，一定是由某種其他自然的「組織原理」（organizing principle）或「X因子」（X-factor）引導的，它們不見得需要依賴長久以來宗教所描述的「上帝」，只需要支持一種拉馬克主義（Lamarckism）。

多年來，這些批評家中謹慎而又抱持懷疑態度的科學家的數目，比一般人知道的多很多，例如在愛丁堡大學的遺傳學教授康拉德・沃丁頓（C. H. Waddington〔一九〇五～一九七五〕）指出：「認為這種絕妙組成生物的機制，是在完全偶然的機會下所產生的，就好像在辯稱說，如果我們一起不斷將磚塊扔成堆，我們就能為我們自己選到最理想的房屋。」擔任索邦大學演化論教授長達三十年的皮埃爾－保羅・格拉斯（Pierre-Paul Grasse, 1895–1985）同樣問道：

那賭徒在哪裡，不管他對他的熱情如何著迷，誰會瘋狂到下注在輪盤賭局的隨機變數上？用杜勒（Dürer）的《憂鬱》（*Melancholia*）之風揚起的塵埃微粒來創造世界，那機率比透過可能在DNA分子上發生的不幸事故以建構一個眼睛的那樣極微小的機率還要小，而且那種事故還與眼睛未來的功能毫無關連。可以做白日夢，但科學不應該臣服於白日夢。

達爾文主義者的真正問題，仍然與達爾文本人在《物種起源》中隱約承認的問題完全相同。儘管他們確信他們理論是正確的，並為我們現有的所有證據提供最合理的解釋，但是他們仍然沒辦法提出讓人無可辯駁的證據、無法證明到毫無疑點的程度。儘管達爾文在《物種起源》第一版對外表現出肯定的樣子，在他後續的版本及其他較後期的著作中，可以清楚看出他其實直到臨終都為他自己所發現的一些謎題感到困惑不解。比方說，化石紀錄完全沒有任何「中間過度形式」

的例子。他非常強調選擇性育種能在同一物種中創造多到讓人無法置信的不同的外顯形式（例如北京犬與大丹犬之間的差異）。但是它們仍然是同一種物種，就像任何花園用的玫瑰品種，如果放任不管到足夠長的時間，它們終會變成野玫瑰。的確，早在一八六七年，達爾文曾因為被一個對其理論提出的挑戰所難倒，以至於他幾乎想放棄它。

愛丁堡大學工程學教授弗萊明．詹金（Fleming Jenkin）向達爾文表示，他的天擇理論有很關鍵的邏輯缺陷。也就是縱使一個物種裡的各別成員可能發生某種有用的偶發性變異，而變得更適於生存，但是它必須透過與另一個同物種「正常的」成員交配才能繁衍。如此，六個世代之後，這個變異的遺傳上影響力已經被淡化到僅只剩六十四分之一，以此來建立從阿米巴原蟲（amoeba）到查爾斯．達爾文之間的傳承，看來是相當不牢固的根基。達爾文最後退縮到一種尷尬的拉馬克主義中，之前，當他極度強調他著名的加拉巴哥雀（Galapagos finches）已演化出不同形式的喙，以打開不同類型種子的例子時，他還不太將它當一回事。

幾十年後，令達爾文的追隨者們欣喜的是，（他們相信）因為孟德爾（Mendel）發現「隱性」和「顯性」基因，這明顯降低了數學上的不合理之處，而有益於主張有用的變異基因的遺傳，達爾文的理論可以擺脫詹金的尖銳質疑。

但是，對於二十世紀的達爾文主義者來說，還有更大的謎題，而他們的理論仍無法適當地解釋，最主要的是那些演化過程中的巨幅躍進，這樣的躍進，只有當大量不同的相互依存的複雜因素同時出現時才有可能。他們仍然無法解釋複眼的突然出現，複眼具有六百個發揮其目的功能所不可或缺的個別組件；他們也無法解釋第一批鳥類是如何在中生代（Mesozoic）出現的，鳥類同時配備有羽毛、氣囊、空心骨頭、溫暖的血液及所有其他與他們爬蟲類祖先非常不同的特徵。

達爾文主義者很渴望找到證據以證明其理論。甚至在十九世紀末之前，他們還以為他們發現了一個完美的例子，也就是斑點蛾（peppered moth）其學名是樺尺蠖（Biston betularia）的變形。雖然牠們原本的外觀是鮮明的斑點，但工業革命後出現許多幾乎是全黑的樺尺蠖。這被譽為「實際上觀察到的明顯演化過程中最清楚的案例」，並在長達七十年的時間裡，被當作是體現達爾文理論的經典例子。但是最終我們必須了解的是，儘管牠們的外觀發生巨大變化，但這些黑化的飛蛾在任何意義上都不是新的物種，只是樺尺蠖裡的一類而已。

二十世紀出現了更多如山一般高的知識，而這在達爾文主義者看來能使他們理論更具有說服力，其中尤其要歸功於遺傳學領域的驚人發現，特別是克里克（Crick）和沃森（Watson）在一九五〇年代關於去氧核醣核酸（DNA）的結構和功能的革命性發現。這些發現揭露了作為生命基本構成要素的去氧核醣核酸，其不同組成部分之間極其複雜的相互關係，並為演化上不同變異的產生方式描繪了全新的景象。他們聲稱：終於，我們找到了遺傳編碼如何同時允許該生物體不同的部分一起變異的解釋。

但是，正如我們將看到的那樣，去氧核醣核酸的發現，最終丟出了一組全新的問題，自然天擇理論完全無法回答這些問題，而達爾文主義者甚至連試都沒有試著要回答。他們只是單純地忽略，或退縮起來以一種粗糙的方式扭曲這些問題，使他們看起來很荒謬。

就像以前常發生的一樣，這看似是一個突破，但結果這曙光卻是虛假的，它只帶來更難以回答的新問題。科斯特勒在《賈納斯》（*Janus*）和《機器中的鬼魂》（*The Ghost in the Machine*）中就已將達爾文主義者應對每個新挑戰時為捍衛自己理論而做出的努力描述為科學史上最異常的事件之一。

雖然長久以來他們一直貶抑無窮隨機變數以外的任何演化驅力，他們現在也開始從後門偷渡進來這樣的想法，即認為也許有其他「指導原則」在發揮作用。莫諾在其論文《機會與必要性》（*Chance and Necessity*，一九七〇年）中主張：除了偶然的機會外，在演化模式中隱含一個「潛藏目的」這樣的元素，他命名為「目的導向論」（teleonomy），此詞源於古希臘詞 telos，意指「目標或目的」。當亞里士多德使用「目的論」（teleology）一詞時，他的意思是當任何東西被創造時，它的設計取決於最終想要用來實現的目的。「基於客觀性，」當時莫諾寫道：「我們必須承認生物體這種目的導向的特徵，並且必須承認他們在結構和性能上，都是朝著實現和追求某個目的而行動的。」換句話說，一個新生命形式的出現，其本身已經帶有某種隱含的目的元素，將使它能成為更適應環境的新物種。

數年前，另一位明確的達爾文主義者有更進一步的主張。奧地利動物行為學專家康拉德．羅倫斯（Konrad Lorenz），在其最暢銷著作《論侵略》（*On Aggression*，一九六六年）中討論一個極為重要的謎題：智人作為一種生命形式，如何發展出獨特的傾向而能感受並展現以自己同類為對象的侵略——包括個別的與集體的，甚至到互相殺害的程度，有時甚至是大規模的像戰爭或種族大屠殺的行為——以至於成為唯一能發展出自我毀滅之手段和力量的物種，但同時卻又具有一種獨特的能力能團結合作以實現共同的目標，並能感受並表現出對他人無私的愛。此種矛盾怎麼可能僅僅透過天擇的過程而產生，在演化階梯上的每一步都僅僅靠著「最適者生存」的基礎來爬升？

羅倫斯試圖解開這個謎團，他的方法是仰賴他稱為「偉大的建造者」（great

constructors）的這個神祕概念。他完全無法接受人類可能「不適合」（unfit）到無法造成自我毀滅的程度，更不用說毀滅地球上所有其他生命了。因此他建議，終有一天，人類將變得有能力不僅只愛個人，而且（以他的話說）：「我們將學會不帶歧視地愛我們的人類兄弟。」按他所想像的是，什麼能灌輸這種新的「誡命」（commandment）到我們心中？「偉大的建造者可以，而且我相信他們會的。我相信人類理性的力量，也相信天擇的力量。」從「我相信獨一的神」（Credo in Unum Deum）出發，羅倫斯又回到了原點。透過又一個的信仰行動（act of faith），他開始相信他那神祕的「偉大的建造者」的神奇力量，會將這演化的故事帶向理性而有益的結果。

事實上，達爾文主義者那時終於開始思考他們理論所帶來的最大謎題之一：我們如何解釋所有這些從根本上將我們與地球上其他生命形式區別開來的特徵？達爾文主義者為解決這一難題所做的嘗試很有啟示性，因此我要將對它們的討論保留到本章的最後部分。

但是首先，我們必須先討論科學知識的進展即將為他們的理論帶來的另一個極重要、也非常出乎預料的新挑戰。就團體迷思的原則來說，特別重要的是，他們如何選擇他們的回應方式。

## 「不可化約的複雜性」與「智慧設計」的挑戰

一九八二年，《泰晤士報》邀我寫一篇文章紀念達爾文逝世一百週年。我把該文的重心放在眾多有關「演化上躍進」（evolutionary leaps）的謎題上，此種躍進需要「一系列複雜的生物學上因素，以準確的方式一同運作」。我特別提到最近的英國廣播公司電視劇集《地球上的生命》中，為了展示達爾文天擇說的神奇力量，主持人阿滕伯羅選擇用一隻手捉起一隻只能在地面活動的鼩鼱，而另一隻手捉起一隻蝙蝠，藉由牠們來說明一種生物（鼩鼱）如何透過在前腿和後腿之間長出一層膜以形成翅膀而演變成另一種生物（蝙蝠）。

但是，這種演化怎麼可能合理發生呢？從膜開始形成的那一刻起，這種鼩鼱適應環境的能力大為降低而難以生存下去，而且面對捕食牠們的天敵時，變得更加脆弱。因此，根據達爾文的理論，在這段漫長的時間裡，牠會能一直生存下來，直到那無用的膜逐漸變成翅膀，而使這生物得以蝙蝠的身分達到其最終適於生存的狀態。這是一個非常明顯的問題，然而，阿滕伯羅及製作這部影片的英國廣播公司製片群，甚至連所有那些毫不猶豫給這節目好評的評論家，以及數以百萬計的、將劇集推崇為他們看過最令人印象深刻的紀錄片的大多數觀眾們，顯然從沒想到。

一直到二十年後，我遇到了一群傑出的國際科學家，他們全都接受過達爾文主義正統教義的教育，他們於一九九三年首次在加利福尼亞（California）聚會，討論他們的研究如何使他們各自得出結論，認為正統教義理論實際上無法解釋地球生命如何演變的奧祕。這群科學家包括分子生物學和生物化學領域受人尊敬的專家，基本上他們都發現到他們正在研究的同樣是讓達爾文本人非常困惑的謎題，只是是更複雜的版本。而他們對於達爾文理論的新批判，是建立在具有根本重要性的科學新分支上，這分支幾十年前幾乎還不存在。

近來分子生物學上的驚人發展，使我們對生命最基本的物理組成單位有了更深入的了解。當科學家們對細胞、蛋白質、氨基酸（amino-acids）和去氧核醣核酸的結構和功能了解得越多，他們對這些組成部分在維繫生命上所扮演的令人歎為觀止的複雜角色，就越感到震驚。單憑自然天擇如何可能解釋演化故事中所有這些深邃難解的複雜性？

舉例來說，細胞中那錯綜複雜到令人敬畏的細菌細胞中「鞭毛馬達」（flagellar motor），電子顯微鏡顯示，它們是由約三十種不同的蛋白質自行組裝而成，完全就像一台高度精密的人造機器，配有轉子（rotor）、傳動軸（driveshaft）和螺旋槳，每分鐘可旋轉十萬轉。這馬達總共由數千個零件組成，每個零件對於整個組件的正常運作都是必不可少的。蛋白質本身的結構與構成蛋白質的氨基酸的結構，也有類似的複雜之相互作用。所有這些都必須以精確的方式和精確的順序組裝，否則它們就無法運作。

而最終控制所有這些的是去氧核醣核酸中包含的、複雜得令人難以置信的編碼指令，其中包含如此多的資訊，以致若轉換成人類的語言，對於操作的每個部分可能要寫好幾百頁的篇幅。那麼，使一個單一化學分子能自我複製的去氧核醣核酸，最早又是從何而來？若沒有這種化學上的複製，演化根本就不可能開始吧？

一九六九年，該小組的一位生物化學家，伯克萊大學（Berkeley University）的迪恩·肯恩（Dean Kenyon），與人合著一本書，名為《化學預定論》（*Chemical Predestination*），好幾個世代以來，該書一直是大學生的指定閱讀書目。他在書中提出，氨基酸可能通過某種形式的化學吸引，自然地將自己組裝成正確的組合。但是有一天，當一位聰明的學生（他恰好名為愛因斯坦）對他的假設提出質疑時，肯恩意識到他無法提出令人滿意的答案。他花了許多年重新思考自己的立場，直到得出結論：氨基酸的結合，只能通過從它的去氧核醣核酸傳遞正確資訊來實現。

肯恩和所有這些科學家們以不同方式所得出的共同結論是：沒有一種可以想像得到的方式能用天擇理論來解釋這個謎題。他們研究了各種最基本的生命組成部分，卻總是發現「不可化約的複雜性」，這不可能是由達爾文的理論支柱即「那些逐漸遞增的細微變化」所導致的。看來好像在每個點上，這些過程和結構都只有以某種方式被特別「設計」來達成該項目，它們才能像這樣運作，而這完全仰賴極大量的資訊才能指引並控制組成與運作的每個最微小細節。

在地球上的任何環境中，無論我們在哪裡看到傳達某種邏輯結構的「資訊」的證據，我們必須假定它源自於某種形式的「智慧」。因此，他們所選擇的這個名稱是所有這些科學家都同意的，因為從他們研究的事實證據中，唯一能得出的結論是：它不可避免帶有某種形式的「智慧設計」的印記。

當他們試圖向世上的其他人解釋這點時，他們面臨了極大的問題。他們只不過是報告他們所發現的事實，以及從他們的研究結果必然會得出的推論。不論從哪個角度來看，他們都不是要像達爾文那樣，就演化是如何發生的提出一個新的對抗的理論。他們並沒有就那「智慧」的起源可能是什麼而提出任何的假設。他們只是單純指出科學證據不可否認地顯示出：除非我們將這個具有無比關鍵重要性的新因素列入考量，否則我們無法對「生命是如何演化的」有真正的科學上的了解。但是這些科學家所說的話將會顛覆所有現在的演化論。這直接挑戰那個超過一世紀以來已經被全世界科學界「共識」所接受的正統教義。

達爾文主義建制派對於這一挑戰的回應，令人驚訝地吐露許多內情。他們完全無意爭論甚至討論「智慧設計」這個論點。一九九六年，創造了「不可化約的複雜性」一詞的生物化學家邁可・貝赫（Michael Behe）發表了《達爾文的黑盒子》（*Darwin's Black Box*）一書，並在其中提出智慧設計的科學論點。美國主要報紙對這本書的評論相當正面，並認同其論理，認為充分而且有趣，但另一些評論則對其極度蔑視，聲稱「智慧設計」只是試圖走私「宗教上」對於演化的解釋，儘管貝赫的書中完全沒有提到這樣的事。

這給了達爾文主義者們一個暗示，他們可以把「智慧設計」掃到一邊，認定那完全不值得討論，當作它只不過是另一個版本的創造論，就像南方浸信會（Southern Baptists）和其他聖經基要派（fundamentalists）依然信奉的創造論，他們相信正如創世紀所述「上帝在六天內創造了世界」。因此，二〇〇四年，當賓夕法尼亞州裡的一個學區規定關於智慧設計的簡短解說，必須讀給在學習達爾文演化理論的班級聽，該校的家長們提出一件引起高度關注的訴訟案，他們聲稱此舉是違法的，並獲得了美國公民自由聯盟（US Civil Liberties Union）的支持。經過漫長的審判過程，法官以智慧設計不是科學為由，判決家長們勝訴。智慧設計只是「偽裝的宗教」，不應在學校中教授。

為對抗外來的批評，「共識」已經獲得內部團結的勝利，一致同意沒有必要對於這個爭議進一步討論。從此，任何在公共場合或在印刷品中提及「智慧設計」的人，都會立即被那些對智慧設計論點一無所知的人，用他們所知的最具譴責性的詞彙「創造論者」加以貶斥。在維基百科上，任何主張智慧設計是科學上的重要貢獻的人，都會被冠上一個反科學的「創造論者」的頭銜，就像任何質疑全球暖化的「共識」的人，總會被貶抑為「否定者」那樣。

二〇〇九年，達爾文誕辰二百週年的慶祝活動相當盛大，與慶祝其一百歲誕辰時那種沒沒無聞的風格形成強烈對比。二〇〇九年，《泰晤士報》絕不可能刊登像我在一九八二年時所寫的那樣批判性的文章。尤其是英國廣播公司，連續好幾天對這位偉人推出推崇歌頌的節目，好像他已被提升為人間的聖人一樣。被阿滕伯羅帶著崇拜心情描述的加冕時刻，是在自然史博物館的哥德式大廳舉行的，當時達爾文的雕像被矗立而起，向下俯視著。他的雕像取代了過去長久矗立於該處的自然史博物館創始人歐文的像，歐文是對達爾文最早提出批判、也是對他理論最持懷疑態度的批評者之一。

真正諷刺的是，以這樣的方式來對他們的先知表達尊敬，達爾文主義者他們自己不知不覺也將他們的信仰奠基在「啟示的真理」（revealed truth），而與他們極為鄙視的六日創造論者們一樣需要一個信仰之躍。實際上，那些被鄙視的懷疑論者才是真正堅持正確的科學原理的人。他們相信，要客觀查看所有的證據並只跟從證據前行，僅憑這一點，他們就得以得出那假象無法與觀察到的事實相吻合的結論，而能從假象的泡沫中解脫出來。

## 終極之謎：自我與本能

人類是地球上最大的奇蹟……永恆地球的主人……萬物之主……他已經學會了語言的運用、風速般的大腦活動；他找到了在城市裡一起生活的方式……沒有任何事是他力量所不及的。他的聰敏讓他能利用所有機會、征服所有危險、為所有疾病找到藥方……

（然而）在所有他天性的聰敏中，最奇妙的莫過於它能帶他走向善途也能帶他走向惡途。所有進入凡人生命的弘大力量，都帶著一個詛咒。

索福克里斯（Sophocles）

《安蒂岡妮》（*Antigone*）中底比斯年長者的合唱

我們以演化論故事所呈現的謎題中最具啟發性的一個來結尾（當然，除了「數十億年前生命本身如何首次在地球上出現的」那完全沒有解釋的謎題之外）。

為什麼在無數存在過的物種中，演化過程最終只製造出一種能展現那兩個極度關鍵、但看來相互矛盾的特徵之物種，使其與所有其他生命形式不同？一方面，索福克里斯讚嘆人類擁有遠比其他動物優越的心智能力，那能力讓人類成為「永恆地球的主人」。另一方面，這能力卻也帶來「詛咒」，使他們被吸引而走上「邪惡之途」，使他們對待彼此和周遭世界的舉止比任何其他動物都更加糟糕。

用更現代的術語來說，一方面，他們發展出比其他動物都大得多的大腦，這使他們擁有全新形式的高度覺知，對周圍世界有更深刻的了解，且使他們能利用語言來溝通，並創造人類文明的奇蹟。另一方面，這也釋放了所有那些具有無比破壞力的衝動，這些衝動最終使他們有能力摧毀地球上的所有生命。而且，就地質時間而言，這一切發生得如此之快，以至於不可能僅僅由無限的自然變異和突變累積作用所產生。

這給達爾文理論帶來全新的挑戰。還有什麼因素可以解釋兩千五百年前索福克里斯提出的驚人謎題？關鍵在於，一個最能將智人與任何其他生命形式區分開來的特徵。

每一個其他物種，在為生存奮鬥的過程中，只是未加思索地服從於自然本能而活。自然本能決定了牠所做的一切：從牠如何獲取食物，到如何與自己物種的其他成員建立聯繫。它也決定了在與自然界其餘部分之間奇蹟般複雜的相互依存關係中，該物種如何扮演它的角色。所以，每個物種的生存都依賴無數其他物種。最重要的是，本能決定了每個物種如何遵從那所有生命形式在生物學上的最重要基本命題：自我繁衍的需求，以確保本身物種的延續。

作為個體，人類在很大程度上與其他動物一樣受本能的支配。本能告訴他們，他們需要吃飯、睡覺、組成社交團體等，就像本能給他們帶來性慾一樣。但是，差別在於人類相當獨特地、能在很高程度上擺脫那包羅萬象的本能結構。在關鍵的面向上，當談到他們如何執行這些本能時，他們可以選擇他們想要以如何不同的方式來執行。

其他動物都只知道一種獲取食物的方法。但是，當人類越遠離自然狀態，他們學習到越多各種各樣的取食方法，從播種耕種到去超市購買微波食品。當人們形成社群團體時，這些社團可能彼此截然不同，從共產黨獨裁統治到社區高爾夫球俱樂部。談到建造一個家作為庇護之所並保護他們的後代，有句俗話說「狐狸有洞，空中飛翔的鳥兒有巢」，但每隻鳥的巢看起來都很像另一個，因為它的設計是由本能所決定的，而被人們稱之為家的建築，可能採用任何的形式，從泥土屋到凡爾賽宮（Versailles），或從冰屋到二十七層高的塔樓。

原因是人類已經發展出了獨特的高度覺知。每種動物都有一定的覺知——即使是微小的變形蟲也需要覺知來識別其食物——許多接近演化階梯頂部的物種，例如海豚、黑猩猩和鳥類，都有相當的智力和學習能力。但牠們仍完全受本能的限制。只有智人發展出的更高形式的覺知，使人類得以從所有受制於本能的狀況中解脫出來。但這種高覺知能力有個嚴重後果，即人類有能力單獨或集體地從事以自我為中心的行為。若有人談到一隻自我中心的魚或一隻自私的蜜蜂，聽起來會很荒謬。但人類有能力做完全自私的事，將他們自己與外界的所有人事物都隔絕開來，於是這引發了各種使人類與其他物種非常不同的反社會行為。他們可以為了自私的目的而殘酷地相互競爭；他們可以體驗羨慕和忌妒；他們可能沉迷於非理性的仇恨和怨懟之中；他們可以因為彼此都確信自己是對的而陷入無意義的爭論裡；他們可以撒謊、做假和欺騙，甚至可以騙自己；他們可能犯下各種罪行，做出毫無意義和非理性的暴力行為；他們可以對彼此發動戰爭；他們能以與自然賦予他們性慾的目的完全無關的方式尋求性滿足。所有這些，都給人類生活帶來一種獨特的不穩定因素。

當然還有其他更深層的人性，是與此完全相對立的。在這個更深（或更高）的水平上，人類希望能與彼此以及與周遭世界和平且和諧地生活，並為了公眾利益而共同合作。他們在比自我訴求更高的目標上，因無私而富有愛心的情感與行動而感到充實。從本質上講，他們希望讓自己感受到生命的目的與意義，而這些是其他動物無須經由思考就在享受的。

縱觀整個人類歷史，再也沒有比想解決人性的分歧而獲得的成果更重大的了。這就是為什麼每個社會都有意識地設計出不同的方式，來控制並超越所有具有破壞性的自我主義的衝動。最明顯的是，道德行為守則及促進並維持社會秩序的政治制度與法律框架。

在更深層的面向上，人類渴望能感受到自己與他人的內在心靈，以及與周遭世界間的聯繫，這樣的渴望，引領他們創造各種藝術形式。他們在創作各種形式音樂的過程中，在歌唱與舞蹈中找到生命的意義；他們在繪畫與雕刻裡創造出的美麗的樣式與圖片，或在珠寶、衣服和各種裝飾上，或在建築的設計上，或也在詩詞的聲韻和魔力之中，找到生命的意義。

# 結語

【原書編者】

理查德．諾斯（Richard North）

真是讓人難過，布克（我都這麼叫他）在完成這本書前就過世了。儘管如此，他留下了豐富的筆記與其他材料，以及一些指導，再加上他的長子尼克（Nick）長期跟他討論本書而做的紀錄，才讓這本書完成。

我只用布克自己寫的資料作為本書主要部分的資料來源，再經過一些簡單的編輯，所以整體上這本書是布克原本的著作。主要部分裡，有兩章是必須從零開始彙編起來的，也就是有關歐洲與全球暖化那兩章。在那兩章，我有幸能獲得全球暖化政策基金會（Global Warming Policy Foundation）的一篇論文，那篇論文特別提到布克所說的全球暖化是「人類歷史上最奇怪的事件之一」，說全球暖化被塑造為人類的威脅。此外，也使用了我與布克合著、主要由布克執筆的《大騙局》（*The Great Deception*）中的材料，來補充本書有關歐盟的那章。

在布克過世之前，他建議可以寫有關英國脫歐的章節，但因為他並未留下這個議題的任何筆記（除了他在《週日電訊》常發表的專欄之外），但這又違背了我們自己訂的原則，即不能使用布克自己沒寫的材料。然而，由於他在人生最後幾年，常常想著英國脫歐的事，更何況他在前幾年也投入了許多心力反對英國加入歐盟，如果不評論脫歐公投之後的各個事件，以及他的參與情況，這本書就不完整了。

尤其在二〇一六年六月二十三日公投之後衍生的關於如何管理英國脫歐進程之辯論，布克自己也變成團體迷思者的攻擊目標。原因在於，與跟我合作密切相關，他離開了之前加入的歐盟「懷疑派」（或稱脫離者、脫歐者），以尋求理性的方式讓英國脫離歐盟。他的想法是基於廣為人知的「挪威方案」，其內容涉及重新加入歐洲自由貿易聯盟（European Free Trade Associatio，EFTA），並以此為基礎，主張繼續留在歐洲經濟區（European Economic Area，EEA）。然而，在公投前的「歐洲一體化懷疑論」（Euroscepticism）時期，與我們有共同目標的人當中的許多人轉向了我們稱為「超硬」的立場，拒絕任何有計畫地退出之想法。相對的，他們偏向「無協議」脫歐，僅仰賴世界貿易組織（WTO）的原則，讓英國繼續與歐盟及世界其他國家進行貿易。

在這裡不適合重述兩種立場的優劣。但我可以說，許多之前宣稱支持布克的人，後來在他於《每日電訊報》的專欄文章對他做了最激烈的負面評論，甚至使用令人很不快的字眼。許多人仍願意支持他關於全球暖化議題的著作，但反對他的「挪威方案」。

這是團體迷思的一個範例，曾經是我的朋友與同事的詹姆斯・戴林波勒（James Delingpole），於二〇一九年一月刊登在布萊巴特新聞網（Breitbart）的一篇文章，就生動地對此加以說明：[1]戴勒斯，那是人們熱情稱呼他的名字，他是布克最熱切的支持者之一，尤其是布克關於全球暖化的著作，而且，他們也共同致力於推動歐洲一體化懷疑論。然而，在關於脫歐的方式上，他們立即分道揚鑣了。戴林波勒支持的路徑是布克反對的，尤其是「無協議」的劇本，這通常指的是「依照世界貿易組織的條件」脫離。

上述那篇文章的背景很重要，因為戴林波勒最近參加了安德魯・尼爾（Andrew Neil）的政論節目，他顯然並未有效地為自己的主張辯護，有篇新聞開心地報導「脫歐者悽慘地辯護不了無協議脫歐而被打臉」，[2]因此，戴林波勒為自己辯護時，用一種挑釁的語氣下了這樣的標題：「我是對的，用世界貿易組織條件脫歐對英國是很好的」。

1 https://www.breitbart.com/europe/2019/01/27/why-brexit-on-wto-terms-is-the-best-option-for-britain/

2 《新歐洲報》（New European），二〇一九年一月二十五日。https://www.theneweuropean.co.uk/top-stories/james-delingpole-rinsed-after-stuttering-through-bbc-interview-talking-brexit-1-5866045

他為了替自己辯護，接著寫到在英國脫歐辯論中「絕大多數人」是「基於直覺感受、個人意識形態與環境情況而選邊站」，並非以他所說的「針尖上有幾位天使能一起跳舞這樣的歸謬辯證法」。「我們不可能在任何事上都是專家，」他如此宣稱：「在這種要唸很多小字體資料的事情上，我們若認為該交給能信賴、有國際法律或財金或政治背景的代表，這並不是不合理的。」對於他們「信賴的代表」，他聲稱大部分的英國脫歐派「都會信賴像是萊利勳爵（Lord Lilley）、馬丁·霍威（Martin Howe QC）、露絲·利亞（Ruth Lea）、派崔克·明福德（Patrick Minford）與雅各·芮斯-莫格（Jacob Rees-Mogg）這些專家深思熟慮的見解，無協議脫歐是最佳的方案，不需要自己詳細弄清楚世界貿易組織的枝枝節節」。

這些人有什麼特性呢？首先，他們構成一個可稱之為「超硬」的脫歐派，他們對於英國該如何離開歐盟採取一種極端（而且幾乎是少數派的）觀點。然而，戴林波勒的解釋有個必要的部分，即他所稱的「專家」團隊裡，沒有任何人曾經宣稱自己在艱深的世界貿易組織相關領域，有任何專業或豐富的知識。這尤其適用於前任下議院議員萊利勳爵，以及芮斯-莫格、當時主持極端主義者組成的歐洲研究小組（European Research Group）下議院議員。但對於萊利勳爵，戴林波勒卻特別崇敬地說，他曾經「讀過並吸收了像是萊利勳爵所寫的《有關以世界貿易組織的條件脫歐的三十個真相》（*30 Truths About Leaving on WTO Terms*），而我認為其主張比我聽過的留歐派的論述都要有說服力」。[3]如果他再仔細想想，他會發現自己犯了許多錯誤，而且完全講錯他自己的立場，就像下面這個奇葩的說法：「貨品運到瑞士銷售的時候，需要報關並申報原產地，但在每天二三○○○台貨車與二二○萬人通關的過程中，這不會耽擱太久，或是大排長龍。」

事實上，人們每天都看到瑞士主要的海關前有大排長龍的商用車，像是在伯恩（Berne），尤其在商業運輸暫停的週末與公共假日結束之後。[4]但是萊利最有趣的、悖離事實的說法是在另一份文件中，而且與前述著作差不多同時出版，標題是《談事實，而不是假象》（*Fact – not Friction*），打算「打破有關脫離關稅同盟（Customs Union）的迷思」。在此著作中，萊利說：

> 那些宣稱依據世界貿易組織原則，在邊境需要檢查的說法是不正確的。檢查是用電子化的方式自動進行，而實際的檢查動作時常是在進口商或出口商的場地。甚至同盟的海關法規要求在邊境查驗站進行農產品查驗，也是在「邊境附

---

3 https://globalbritain.co.uk/wp-content/uploads/2019/01/GBLL-paper-30-Truths-Final- 05.01.19.pdf

4 可參考這個網頁：http://www.eureferendum.com/blogview.aspx?blogno=86888

近」，可以在境內四十公里左右的地方。為了省下在愛爾蘭邊境設置基礎設施與檢查點，這尤其重要。

就像萊利所提到的，邊境檢查站（Border Inspection Posts）的議題過去（現在也是）非常重要，而那也對脫歐派的論理特別重要，那些檢查站必須能放在離邊界較遠的地方，否則就會變成英國與歐盟都聲稱要避免的「硬邊界」之確鑿證據。然而，關於他那樣有自信的說法，實際上並未參照歐盟海關法（Union Custom Code）裡的邊境檢查站規定。相關的法律是97/78/EC理事會指令（Council Directive）。但與萊利的主張相反，指令明白規定邊境檢查站必須「設在直接靠近會員國入口的地方」。[5]那項要求被萊利奇怪地錯誤引述，他忽略掉了最重要的限制「直接」，那個詞會完全改變整個意思。

人們很快看到萊利繼續自欺欺人，他聲稱，那種顯著的（但事實上並不存在的）彈性，讓邊境檢查站「可以遠達境內四十公里」，並引用鹿特丹為例。他宣稱，那裡的「檢查站設在離碼頭最遠達二十公里的港口廣泛區域」，但事實並非

5 https://eur-lex.europa.eu/legal-content/EN/TXT/PDF/?uri=CELEX:31997L0078&from=EN

如此。鹿特丹並不是只有一個港口，而是一個大型港口區，從北海（North Sea）那端的馬斯河（Maas）河口的克魯斯特波爾三角洲通關站（Kloosterboer Delta Terminal）進入市中心，在舊馬斯河（Oude Maas）還有另一個多德勒克（Dordrecht）前哨站，所有這些檢查站從一端到另一端延伸超過四十公里，那表示在港區的中心點到「邊界」（也就是港區的水岸）可能有二十公里。然而，那還是在港區內部。事實上，依照歐盟的登記，鹿特丹港區有四個邊境檢查站，其中一個在克魯斯特三角洲通關站，那是在河口入口處，坐落在右岸。[6]

這些例子清楚顯示，詹尼斯提出的團體迷思運作規則的第一個例子：一群人共有「某種共通的觀點、意見或信念，但在某方面並非基於客觀的真相」。萊利錯引官方文件以主張在真實生活中無法確立之事，並據此建構其說法。戴林波勒自己也承認了：其他許多認同他立場的「脫歐派」並未依照客觀真實來確立他們自己的觀點，他們只是採用群體「給予的智慧」。

戴林波勒的知識非常有限，以致於他在尼爾的節目上一再宣稱他不知道被問的問題的答案，但他仍表現出極大的信心，認為一定能找到解決方案。甚至被質

6 https://eur-lex.europa.eu/legal-content/EN/TXT/PDF/?uri=CELEX:32009D0821&qid= 1563184991622&from=EN

疑無協議脫歐對牧羊業可能的影響時，他說「我很確定我們能找到圓滿處理的方法」，這生動地描繪了詹尼斯說的另外一個特徵：團體迷思的組成內容中，無疑有一種一廂情願或自欺欺人的成分。

第二個規則表示，因為他們共享的觀點基本上很主觀，那些陷入團體迷思的人，需要極其努力堅持某個「共識」是不證自明的正確，讓所有心智正常的人都贊同。他們的信仰，讓他們成為「群內」，他們必須接受任何反駁的證據，但任何不贊同的人的觀點都必須被忽視。

他的文章，就像其標題本身已表明的，反映了團體迷思的第二規則。「我是對的。」戴林波勒這樣聲稱，且借助於充滿錯誤的資料來源。但那只能證明一件事，他對這個議題所知甚少，他根本沒有立場說什麼是對的、什麼是錯的。然而，從他這種嚴重無知的立場，他竟能聲稱「大部分留歐派」對「世界貿易組織的條件所知跟脫歐派一樣少」。其中的差別在於，來自留歐派主掌的建制機構，從英國廣播公司與財政部，到各種歐盟高官、大企業與不可勝數的全球化主義機構例如國際貨幣組織（International Monetary Fund），說的是另一個完全不同的故事。他不自覺地顯露「眼中的刺與樑木」（編按：以《聖經》馬太福音中第七章第三節「為什麼看見你弟兄眼中有刺，卻不想自己眼中有梁木呢？」為喻），接著做出結論：「留歐派有火熱的信念，不是因為他們知道得更多，只是那剛好符合他們最糟的偏見。」

這恰好帶我們認識團體迷思的第三規則，即要求「群內」將任何質疑他們信念者的觀點視為完全無法接受。團體迷思者無法與那些不贊同的人進行任何嚴肅的對話或辯論。那些在圈圈外的人，必須被邊緣化且忽視，如果必要時必須對之無情地諷刺，以讓他們看起來很可笑。

當戴林坡勒在布萊巴特新聞網寫下布克的訃聞時，他用的標題是「世界上最偉大的氣候變遷懷疑論者克里斯多福．布克永遠安息了」，也顯示出這種機制的運作。[7]戴勒斯願意讚賞（並突顯）布克有關氣候變遷的著作，那部分確實是他贊同的，但歐盟的事則覺得不值一提。他完全沒提到他們兩人在英國脫歐議題上的嚴重分歧。諷刺的是，戴林波勒提到布克關於團體迷思的著作，但完全未察覺自己陷入團體迷思。這反而確認了布克的說法，團體迷思讓人深陷其中的力量絕不能低估。他顯然已經告訴我們，最後明白這一切的總是團體迷思受害者他們自己。

團體迷思者所用的武器，大體上就是「邊緣化」。在一週七天每天二十四小

7 https://www.breitbart.com/europe/2019/07/03/rip-christopher-booker-worlds-greatest- climate-sceptic/

時新聞狂轟猛炸的媒體環境下，電視與報紙時常東抄西抄，而且樂於使用大量的瑣碎之事填滿永不饜足的媒體機器。如果其論點不符合主流，也即遵循流行的團體迷思，就得努力申辯之。因此，布克的那些對於無協議脫歐的影響之先見之明，那些刊登在他的《每日電訊報》專欄文章中的警告，完全無法被廣泛流傳，甚至登在他自己的報紙上也是如此。

相反的，《每日電訊報》編輯部採取強硬的「贊成世界貿易組織條件」的立場，布克的專欄篇幅於是被裁減，並放在副刊的位置，他被邀稿的題目僅限於評寫「鄉村與自然」。當他堅持繼續倡議歐洲經濟區的方案時，報紙不願冒炒他魷魚引來罵名之風險，所以幾乎每週都刊登讀者的批判信函。報社違背了長期以來事先通知的傳統，布克通常在批判意見刊登後才知道。我們把那些信歸為一種新類型——「布克錯誤」信。那是報紙中半固定式的特色文章。

雖然這些信還是有禮貌與節制，但讀者的線上評論就不是那樣了。編輯允許日益猖獗的人身攻擊傾巢而出，完全無意緩和氣氛，或移除過於偏激的貼文。就像布克指出的，這是團體迷思的最後階段。依據第三規則，如果將異議者邊緣化還不夠，就必須用最強烈的輕蔑詞語攻擊異議者，且通常會借助一些刻薄、帶有道德貶抑的標籤。依據該規則，最能代表各種類型團體迷思的特徵，就是不能容忍異議者。在《電訊報》的評論裡這條法則充分體現了。

雖然如此，關於英國脫歐的論戰有趣的是，它以實例體現了布克跟我說過的理論。他說，如果你的理論已解釋了特定的現象是如何運作的，當新的問題浮現出來，而且擁有相似的特性，那麼如果你的理論是健全的，就能解釋這個新發生的問題。這裡我們提出了團體迷思的理論，在英國脫歐這個詞彙出現許久之前就已有這個理論了，它能非常適當地解釋英國脫歐「論辯」中交戰的各方的行為。事實上，根本沒有辯論。互相反對的各方只是對著對方說話（有時候是吼吼叫叫），從未與不贊同其意見者進行任何嚴肅的對話或辯論。

也就是說，布克暗示團體迷思有個特徵，但並未充分闡明。如果他還活著，我很確定他可以用那個作為基礎繼續闡述，而使他的說法成為詹尼斯所說的規則的一部分，或甚至獨立成第四規則，雖然可能是較為次要的規則。

他對達爾文的評論提供了一些線索。隨著相關爭議繼續發酵，出現了三種論述解釋如何新物種是如何產生的。布克表示，但一般人普遍認為，這大致可化約成兩種論述，一端是今天仍有少數人支持的，就是基督教正統的論點，認為所有物種都是同時創造的，這也被普遍譏諷為「六日創造論」（Six-Day Creationists）。另一端，現在被廣泛視為該領域無可爭議的主要論述，即一百六十多年來達爾文天擇論，這是當代的新正統。我們可以看到，幾乎在每一場由團體迷思支配的「爭論」都有這種情況。例如，鼓吹「全球暖化論」者，他們不會容許任何細微的異議，在他們的世界裡，只有「相信者」——接受這個星球正遭遇前所未有的「氣候危機」者——或者「否認者」。

有些人主張：我們正脫離數世紀之久的小冰河期（Little Ice Age），而再之前則是中世紀溫暖期（Medieval Warm Period），溫度會自然上升。但這種主張是沒有討論空間的，歷史上溫度曾經更高（這也是為什麼格陵蘭被稱為格陵蘭（〔Greenland〕，編按：意為綠地），就像二氧化碳的濃度那樣。因此，在兩個極端之間，也有人認為溫度大致呈自然增長的情況可能會產生某種負面效應，所以預先準備應是明智的，但不需認為溫度上升是可能讓人類滅絕的事件。但是這種觀點很少被聽見。

英國脫歐此一事件有很多瑣細的細節，但它是另一個例子讓我們看到這場爭辯如何化約成二元對抗的要素：要嘛是「留歐派」，要嘛是「脫歐派」，而後者已被綁在更極端的「無協議」劇本裡。無論在媒體上、在政治辯論上，均未曾聽到任何有關「挪威方案」所代表的中間立場之嚴肅討論。事實上，當卡麥隆在二〇一五年十月（在他宣布有意舉辦公投後）拜訪冰島（歐洲自由貿易聯盟／歐洲經濟區會員國）時，他還特別警告不宜採用該方案。他引人注目地提出許多讓人厭倦的論點，其中很多人盡皆知其並非屬實，例如聲稱挪威是「歐盟預算第十大貢獻者」而被「單一市場原則約束，但在決策過程中無發言權」。[8]事實上，歐洲自由貿易聯盟／歐洲經濟區會員國沒有任何一個會員國貢獻於歐盟預算，而且關於決策過程，有廣泛且眾所周知的正式諮商程序。

二〇一三年八月，就在卡麥隆做出前述主張的兩年前，我訪問地方政府和區域發展部（Ministry of Local Government and Regional Development）時任部長的安妮・特溫雷姆（Anne Tvinnereim），她承認，當歐盟表決新法律時，挪威並不在場。但她說，「我們確實能影響歐盟的立場」。她解釋國際關係的簡單事實，然後告訴我，「在（新法律）進到表決程序許久前，就已經做了大部分的政治工作」。她補充，挪威政府試圖在早期階段影響立法工作。[9]

但在卡麥隆的介入行為中，真正值得注意的是多明尼克・卡明斯（Dominic Cummings），當時他是投票脫歐（Vote Leave，後來被指定為「脫歐」立場的主

---

8 《衛報》，二〇一五年十月二十八日，卡麥隆告訴反歐盟運動人士：「挪威方案」對英國並不可行。https://www.theguardian.com/politics/2015/oct/28/cameron-to-confront-norway- option-anti-eu-campaigners

9 歐盟公投案部落格，二〇一三年八月一日，「我們不需要布魯塞爾告訴我們該怎麼做」，http:// eureferendum.com/blogview.aspx?blogno=84212

要宣傳站）的宣傳主任，事實上贊同（當時的）首相：「投票脫歐不支持英國採用『挪威方案』」。「在我們投票脫歐後，」他表示：「我們會基於自由貿易與友好合作協商新的英國—歐盟協議。我們會終止歐盟法律的最高性。」[10]「挪威方案」後來被更極端的脫歐者質疑是「BRINO」（有名無實的脫歐，BRexit In Name Only），他們的主張私底下還是留歐派。這種中間立場同時被兩個極端派攻擊。

隨著英國脫歐議題分裂了整個國家，而且在公投後已經超過三年的二〇一九年底仍尚未解決，我們開始看到比起我們是否該留在歐盟這樣的問題更深遠的議題討論。評論者誠懇地寫作有關「英國近期歷史前所未有的危機」，並引用軍情六處前主管約翰・索耶（John Sawyer）爵士的話說：英國正經歷「神經衰弱」。英國脫歐被比擬成地震，被壓抑的力量突然釋放，「撕開新的斷層線，並讓舊的斷層線如不平等、去工業化、全球化、帝國的衰落、移民與緊縮等，再次擾動」。[11]

這引起許多評論者討論「文化戰爭」，且在某個程度上以階級與傳統左派／

10 《衛報》同前引報導。

11 《獨立報》（Independent）二〇一九年七月二十二日：脫歐中的英國瀕臨「全國分裂」。https:// www.independent.co.uk/news/long_reads/brexit-uk-regions-westminster-boris-johnson- remainers-a9009446.html

右派的區分為基礎的政黨政治，已經被超越傳統區分方式的文化習慣之論述取代了。但即使連《新政治家》這樣的刊物，也準備接受將英國脫歐概念化為「根本上屬於一場文化戰爭，而不是階級戰爭」，作家西蒙・雷恩—路易斯（Simon Wren-Lewis）則主張這個主調「很有力量，而且也包含許多真實成分」，但他認為這不是故事的全貌。[12]

儘管有著理由充分的質疑，但與其說英國脫歐，不如說英國整個正經歷一連串的文化戰爭。大致上，因為社群媒體與網路的影響，資訊社會已分裂成很多個片段，造成無數的布克所說的「小團體」（groupuscules）。之所以如此的原因較容易解釋。在第一章，根據他首先用來寫作另一本書《喜新厭舊者》（*Neophiliacs*）的材料，布克回顧了一九五〇年代與一九六〇年代的生活。我出生在一九四八年，我還太年輕，所以對一九五〇年代初期的事記得不多（雖然今天我還能回想起看到本地加油站大排長龍的景象，因為一九五六年的蘇伊士運河危機〔Suez Crisis〕曾經造成石油短缺，導致車主急著加油），但是在我成長過程中，一九五〇年代與一九六〇年代並不是重要的部分。

12 《新政治家》，二〇一九年七月二日：「英國脫歐是一場文化戰爭還是階級戰爭？」（'Is Brexit a culture war or a class war?）https://www.newstatesman. com/politics/staggers/2019/07/brexit-culture-war-or-class-war

我的家庭比較偏向中產階級。我的父親週間會買《每日電訊報》，在週末則會看《星期日泰晤士報》（*Sunday Times*）。在發明電晶體以前的年代，我們用真空管收音機聽英國廣播公司家庭廣播服務（BBC Home Service），我們也聚精會神地聽新聞播報。那時候收聽節目要做一些事：因為真空管廣播有延遲的問題，表示我們要花好幾分鐘調校才能聽到聲音，而頻道總是容易跑掉，必須小心操縱轉盤，才能調回選定的節目。這個過程完全無法自動化。至於電視，在家裡買了一台黑白電視之前，我大概已經快二十歲了，而且只能收看兩個頻道，英國廣播公司與獨立電視台（ITV）。

重點在於，我們關於當時所稱的「時事」所知極為有限。很少家庭買得起兩份報紙，雖然在我居住的北倫敦地區幾乎每一戶都會訂一份報紙。我那時還是青少年，我藉著送報來賺零用錢，而且即使是我負責配送的、公開宣稱屬於「工人階級」的公寓區，訂報率也很高。

如同人們可能會預期的，當時接受到的觀點可能相當兩極化，但在程度上輕微多了。政治上，你或者是傾向保守黨、或者是傾向工黨。自由黨（Liberals）當時也有些支持者，但在我青少年時期的記憶中，他們很邊緣。政治上，我們可以獲得充分資訊，但仍讓人不滿意。我們受制於接收資訊的管道有限，以及選擇也有限。但是好處是，我們的觀點較為接近。在某種程度上，我們受到選擇的媒體的影響，但因為媒體有限，我們在自己選擇的群內觀點很少有多大的分歧。

隨著年月過去，我們看到電視頻道增加，一九六四年英國廣播公司第二台開播，一九八二年第四頻道開播，一九九七年第五頻道開播。雖然電視網花了三十三年才從兩個頻道增加到五個頻道，但是再六年之後，數位電視讓電視台可以收看達數百個頻道，從衛星頻道到有線電視，超過了「英國廣播公司」與「獨立電視台」。[13]到了二〇一八年，英國百分之九十的成年人都被列為「近期網路用戶」，比二〇〇六年的百分之五十一更高，網路在一九七七年出現，而在一九九〇年代初期因商業化而普及。[14]

接著出現了電子郵件，之後是電子郵件群組與論壇，再來還有臉書（Facebook）出現在二〇〇五年（原先只在大學內使用），同一年也出現了YouTube與推特，Google在一九九八年就啟用了，在二〇〇二年推出Google新聞，在二〇〇三年推出它的網誌平台（Blogger），這項工具是在一九九九年第一次開發出來。在英

13 《衛報》二〇〇三年四月二十四日，「多頻道電視取代無線電視」（Multichannel TV overtakes terrestrial），https://www.theguardian. com/media/2003/apr/24/bbc.broadcasting

14 ONS, 23 May 2019, https://www.ons.gov.uk/businessindustryandtrade/itandinternetindustry/ bulletins/internetusers/2018

國，網飛（Netflix）的串流服務在二〇一二年首次上線，接著是二〇一四年的亞馬遜（Amazon）Prime Video，然後是同年的 Instagram。

隨著這些資訊供應商爆增的情況，也出現了行動連接的相關技術。世上第一支行動電話於一九八三年在美國啟用，在一九九二年與英國消費者見面，那年，手機能夠發出簡訊。但是真正的革命發生在二〇〇三年的英國，那年推出了第三代「智慧型手機」。四年之後，史帝夫．賈伯斯（Steve Jobs）向全球推出蘋果（Apple）iPhone，讓個人通訊出現了翻天覆地的改變。[15]

因為這一切的改變，在短短不到二十年內，革命性的「資訊社會」出現了。這種速度很不得了。為了說明它帶來的巨大好處，我可以分享自己的經驗。我在一九九五年撰寫博士論文時，還需要從很多科技期刊找一些很難被人記得的文章，那些期刊名稱我也已記不太住了（那個領域有許多名稱類似的期刊）。每天我都到里茲大學醫學圖書館用功，帶回一堆相關期刊的影本，花了我超過一個月的時間，才甚感欣慰地在成堆影本中找到我要的文章。我最近要找資料，利用 Google 的搜尋引擎只花了兩分鐘。雖然這樣的改變有明顯的好處，但對社會造成

15 https://www.mobilephonehistory.co.uk/history/time_line.php

的影響卻還不那麼明顯。因為變化太快速且廣泛，使得一些狀態還來不及被確認，更別說全面評估了。即使現在，所謂「社群媒體」以及它帶來的個人化廣告對選舉活動的影響，仍然受到熱議。任何一個明智的人，都不會否認這樣的科技有極大的影響，但要具體說明它的確切效果仍然困難。

同樣顯著的，即使別的領域還未可知，但在政治圈裡，雖有無限的資訊，而且取得成本低廉，滑鼠一鍵可得，但事實上並未帶來資訊更充足的辯論。相反，我在年輕時自己親身體驗的那種現象再次出現了，甚至更強化了。面對如此廣泛的資訊來源，一般的使用者（如果有這種人）會選擇他們最願意接受的、告訴他們想知道的，並且符合他們目前偏見的資訊。唯一的差異在於，因為有這麼多的資訊來源，所以不再有統整性的的觀點。國家政治體分裂成許多次級團體，個別團體有其獨特而可識別的特徵與信念。布克所說的「小團體」在人們完全沒察覺之處林立著。團體迷思在此充分發揮無遺，使得布克的研究與論述，比他剛開始寫作本書時想像的更為重要。

我們暫且回顧歷史一下，並說明特殊團體與行業如何採用自己的語言與字彙，讓自己與眾不同。多個世紀以來，神職人員用拉丁文作為他們的通用語言（lingua franca），目的就只是讓自己與眾不同。與此類似，直到相當近代，醫生還是用拉丁文寫處方箋，理由也是一樣。每個專業與大部分行業，都有他們自己專業化的字彙，學會這些字彙就表示從一般人轉變成他們將要加入的「神祕社群」。即使是古代的士兵，這種區別也適用。在我青少年時期，我是某群新招募的軍校學員中的一員，配有李恩福德四號來福槍（Lee Enfield No. 4 rifles），我們的任務是學會武器的各零件的名稱，這是世世代代的士兵都要知道的「零件的名稱」（naming of parts）之儀式。甚至有首詩就用這個標題，那是亨利・里德（Henry Reed）在一九四二年寫的，其總標題是〈戰爭之課〉（Lessons of War），詩裡提到同樣的來福槍。就這層背景來說，這是從老百姓變成軍人的第一步，並且適用於每個行業與專業的儀式上，即學習它的特別字彙、學習那些區別歸屬者與圈外人的知識。在政治與其他許多領域，這類儀式就是團體迷思扮演的角色。

有太多區分不同群體的方式了，但就算沒有制服、沒有臂章或行規來區分，團體迷思依然能將個人團結在一起，作為整合群體的「黏著劑」。接受團體迷思的習慣或規定，可視為一種通過認可的儀式，雖然不用花錢，但如果能不加批判地直接接受，則更是對團體的忠誠表現。因此，團體迷思並不是有關知識或資訊的事，而是一種資產，也是電子化資訊社會出現後的現代不特定群體的劃分之根本基礎。

布克在他較早前的筆記中曾經提到，政治一般來說總是由團體迷思加上各種顏色。每個政黨、派別或群體的劃分，自然有他們自己的一套方式以便更清楚看見世界中的某些事。一旦他們在政治光譜上越移往「極左派」或「極右派」那端，他們對那些持不同意見者的敵意，就會變得越來越極端。

團體迷思目前在政治對話中所扮演的角色，已經擴展到無法想像的地步了。布克提到，遲至二〇一四年讀了詹尼斯的書，他才了解自己不自覺地正在寫他專業生涯中所看過的許多不同的團體迷思實例，而且布克偶然發現，當代社會某些越來越重要的現象，比詹尼斯體驗到的遠遠更多。團體迷思已經從一個相對較小的基礎，轉變為驅動我們當代政治及更多其他事物，與支配政治思考的全新基礎。

在這點上，布克很有先見之明地認為「政治正確」是當代一再出現的團體迷思之根源，而且通常也以此定義不同群體採用的詞彙。最近，我們看到推特發生這樣的狀況：一個自稱「進步的女性主義者」賈米拉・賈米爾（Jameela Jamil），誇口吸引了將近一百萬名「追蹤者」，並訓誡一位使用「盲點」這個詞的作者。「我們不再說盲點這個字，謹供參考，」她推文說：「那是歧視殘障人士。我最近才了解這點。」[16]再也沒有別的話語更能適當說明政治正確（與愚蠢）的本質

16 推特，賈米爾，二〇一九年十月九日，https://twitter.com/jameelajamil/status/1181968839338102784

了。嚴格來說，「盲點」指的是每一隻眼睛視網膜內對應視皿（也稱為視神經頭）位置的視野。因為視皿裡沒有光感受器（也即柱體或錐體），所以這個區域沒有視覺偵測。[17]當然，盲人（有「殘障歧視」疑慮的主體）在定義上就不會感受到盲點，只有看得見的人才能體驗到這個現象，因此，賈米爾並不是運用知識以避免冒犯非特定群體的盲人。她堅持反對使用那個字是因為「殘障歧視」，但這件事並非基於客觀的事實。她「最近才知道這點」，也顯示了她已經吸收這點作為自己身分認同的團體迷思組合的一部分。作為團體迷思，它現在必須強制推行到所有可能是她人際圈的成員。現在可以用的詞是「死角」，但是這洩露了她對這個詞起源的無知。一旦採用這個詞，團體迷思的一致性與嚴整性就會被落實，而使那成為一種「道德發訊」。特定詞現在可以用來當作通關密碼，以檢驗能否進入她的群體之內，也即藉由透過「武裝」上這個詞彙，使詞彙成為爭辯時可用的工具，或是用來偵測並驅逐外來者的標準。

我們會被詹尼斯分析的、屬於他的理論基礎的特定例子所吸引，就像布克說的，它們都是結果很糟糕的政治決策，因為一小群有權有勢的人，集體變得非常

17 https://www.britannica.com/science/blind-spot

執著於他們想達成的目標這種單一而狹窄的觀點，以致於他們關閉了自己的心，無法接受任何否定他們所盼望的事物。因此他們被未預見的後果給騙了。他們只是透過他們所希望的目標的一種自欺欺人的稜鏡在觀看這個世界，最終的結果呢，是它非常殘酷地把他們喚醒，因為他們終將跌進讓人不愉快的現實之中，那是他們並未想到或不願想起的。

布克補充，我們一定已經明白詹尼斯可以將更多近期的例子加到他的案例之中。一個明顯的案例是小布希總統與布萊爾在二〇〇三年莽撞而固執地入侵伊拉克的事件。他們執意要顛覆海珊政權，以致於沒仔細想過一旦達到目標會有什麼後果。伊拉克因此陷入多年血腥的宗派混亂中，那是小布希與布萊爾完全沒想到的。就像我們看到全球暖化的爭辯一樣，詹尼斯對團體迷思運作規則的描繪的適用對象，遠超過他研究聚焦的那些特定形式。

這是真正的重點。透過通訊革命，團體迷思已經變成一種群眾現象，蔓延到我們生活中的每一部分，對我們的語言及思考施加有害的控制。我們只需要翻翻最近的報紙，就會看到或多或少來自於團體迷思的東西，每一版都會有，而那又會傳送到網頁上，出現在人們的行動裝置螢幕上。之後，各大機構又會深陷於他們自己特定的團體迷思中，最嚴重的就是英國廣播公司。雖然英國廣播公司在別的領域不像在全球暖化議題上那樣公然報導其特定立場，但它長期以來明顯在報導的每一項爭議問題上都偏向某一方。就像前些日子，它毫無顧忌地全力宣傳英國加入歐盟，所以我們不用太懷疑它的論點是站在哪一邊。

讓人驚訝的是團體迷思遺傳因子的一致性，似乎不受任何變動所影響。回到二〇一三年，就在我剛訪問特溫雷姆有關人們對挪威方案的錯誤印象不久之後，我們與英國廣播公司當時的倫敦特派員馬修・普萊斯（Matthew Price）一起錄製一部短片，名為「挪威的歐盟特別方案是否能適用於英國？」[18]我也在自己的部落格裡批判，他一再放送我們一直努力澄清的謠言，包括他不實指稱「挪威必須遵守歐盟的貿易原則。而且，不像組成歐盟的二十八個會員國那樣，挪威在那些原則的制訂修改上沒有說話的權利。基本上，那是布魯塞爾規定的。」[19]

有趣的是，布克跟我已經深入研究挪威與歐盟之間的關係，而且在二〇一三

18 英國廣播公司，二〇一三年九月三日，https://www.bbc.co.uk/news/av/world-latin-america-23941315/would-norway-s-special-eu-arrangement-work-for-britain。之後與另一位部落格主交流時，普萊斯承認他說過頭了，承認挪威可以「遊說以影響歐洲共同體的草案」。溫水煮蛙部落格（Boiling Frog blog），〈歐盟、挪威與英國廣播公司的偏見〉（EU, Norway and BBC Bias），二〇一三年九月四日，https://thefrogsalittlehot.blogspot.com/2013/09/eu-norway-and-bbc-bias.html

19 歐盟公投部落格（EU Referendum blog），二〇一三年九月三日，「挪威：英國廣播公司更多的謊言」（Norway: more BBC lies），http://eureferendum.com/blogview.aspx?blogno=84298

年一月，布克在他《每日電訊報》的專欄上寫了一篇文章，標題是「忘了布魯塞爾吧：現在我們是由日內瓦的巨頭統治」，主要意思是，現在歐盟通過的新原則，很多都是來自於更大、更全球性的機構。[20]不論挪威在這些全球機構的什麼地方有其代表可為它的權利發聲，我們都可以看到挪威在制訂全球標準時扮演的角色。那些全球標準可能成為歐盟通過的法律而後再透過歐洲經濟區體制由挪威採行，在這些法律進到布魯塞爾的許久之前，挪威原則上已經同意了。

同樣，在二〇一三年那忙碌的一年，我訪問了一位挪威人，維・比恩・克努特岑（vet Bjorn Knudtsen），他當時是聯合國一個名為國際食品法典委員會（Codex Alimentarius）的機關下，魚及加工魚產品委員會（Fish and Fisheries Product Committee）的主席。國際食品法典委員會負責訂定全世界通用的食品行銷與安全原則，而那委員會成為了歐盟原則的基礎。對挪威來說，魚及加工魚產品貿易攸關國家利益，該國每年有百分之九十五的產品，總值達三十億歐元出口到國外。克努特岑強調，對一個出口導向的國家而言，在國際貿易系統下，為了他所稱的「確定性」，嚴格的法規標準是必要的，而且是必須付出的代價。同樣重要

20 https://www.telegraph.co.uk/comment/9828433/Forget-Brussels-now-we-are-ruled-by-the-giants-of-Geneva.html

的是，挪威能夠形塑原則，而且在適當時間知道新的原則，這能讓該國企業得以適應那些原則。因此，該國政府一年花費大約二十五萬英鎊在奧斯陸舉辦法典委員會的漁業委員會會議，讓挪威政府提早充分了解整個系統發生的情況。[21]

因為英國廣播公司擁有大量資源與全職人員可以到全球各地出差，還有各種我們只能望之興嘆的情報來源，人們可能認為，英國廣播公司應該已經做了研究並得出有關挪威方案更審慎的觀點。但不僅該它做出了這種膚淺、錯誤百出的陳述，它的記者躲在他們舒適的、受保護的圈圈裡，也對任何其他意見毫不知情。受限於團體迷思，每次他們談到這個主題，他們只會老調重彈。[22]因此，若這樣的「敘事」演化為團體迷思，並以此界定英國廣播公司在他們報告主題上的觀點，並且經歷多年仍一成不變地傳遞下去的話，這將會調校他們的研究員與記者去符合一種「正確的」思考模式。因此，媒體得以永續維持某種並不那麼極端的團體迷思，不過由於它的普遍性，所以造成的危害更大。只要媒體還是他們自家品牌

21 歐盟公投部落格，二〇一三年六月二十五日，「法典委員會是貴賓席」(Codex is the top table) http://www.eureferendum.com/blogview.aspx?blogno=84061

22 例如，可以看看英國廣播公司網站二〇一八年十月三十日的文章，事實查核特派員克利斯・摩里斯（Chris Morris）〈英國脫歐：什麼是挪威模式？〉，https://www.bbc.co.uk/news/uk-46024649

團體迷思的守護者，在各種議題上的辯論就會被淨化，完全無法進步。

我們經歷了通訊革命、每週七天每天二十四小時從不間斷的新聞播報，他們的報導也傳送到全國的行動電話裡，而且常常不是在事件仍進行的當時，這使得新聞播報變成沒完沒了而欠缺背景脈絡或深思熟慮分析的肥皂劇。若非這樣，也許媒體的團體迷思危害還沒那麼大。所以，不用懷疑，團體迷思已經變成我們生活中非常泛濫的一部分了，而構成其本身的不成熟意見，都是加速這種危害的惡性循環。它也成為一種辨識的訊號，讓觀眾可以吸收他們准許觀眾接收的資訊，並形塑觀眾的反應。

布克所做的就只是將新與舊的東西整合起來。他成年後的生活，經歷了這個國家前所未有的、變動最頻繁的時期，也是人類變動極頻繁的時期。他自己對人類群體心理學的深刻了解，藉由詹尼斯對團體迷思的分析而獲得強化。這可以幫助我們對人類自己了解不深、但與我們生活的關連性遠超過我們認知的現象之真實本質，有了新的了解。

因此，在布克著作的結論這裡，我們需要提醒自己，就像布克在他早期的小書裡所做的那樣，各種各樣的人們陷入群體思考的例子有三個共通點。首先，他們的信念總是顯示出對世界錯誤的理解為基礎，在某方面是由那些與真相完全不同的自欺欺人所形塑的。其次，是他們對那些不認同其信念的人，表現出不理性的不寬容。第三則是，最終他們的團體迷思會以某種方式不幸地與現實衝撞，那些是他們先前用帶著偏見的眼睛忽視的現實世界。

布克在他的小冊子的最後，以樂觀的語調結束：讓人欣慰的是，每個南海泡沫（South Sea Bubble，編按：一七二〇年英國南海公司引發的全民炒股風波），最終都會破滅。因此他主張，每一種團體迷思終有結束之日。他說團體迷思只是人們一時被群眾拖著走、失去自己的思考熱誠或能力的必然結果。但我們也必須認識到通訊革命的影響。團體迷思現在已經有能力反覆在傳統媒體與持續變形、少有檢查機制的社群媒體裡，自行創造、轉變並倍增它自己。

社群媒體的數量與方便性，導致了我們將面對的人性新挑戰。社群媒體在選舉（與公投）期間，據說損害了我們民主的根本基礎，我們可以看到，團體迷思已經出現了多種形態的惡性影響，可能成為「假新聞」的基礎。最重要的是，它使我們整個社會的政治立場日益分裂。。隨著我們由啟蒙時代進入新的世紀，呆板地迎合主流的團體迷思，成了支配我們生活的最大力量。

我沒有像布克那麼樂觀。他總是相信人性的善，而且總是願意看光明面。他那樣也沒錯。當代社會有許多優點，而且毫無爭議的，科技帶給我們許多無法言喻的益處。但就像十九世紀需要制訂公共衛生法律以處理工業革命（Industrial Revolution）造成的身體損害，在二十一世紀，要處理某些社會面向，包括團體迷思與它透過通訊網路擴散的後果。這是我們未來要面對的挑戰之一。

布克有陽光、正面的性格，確信我們可以因應這樣的挑戰。我希望他是對的。無論如何，他已經為我們更新並擴大詹尼斯原先的研究，貢獻非常多。但最遺憾的是，他無法活著看見他的著作面世。

# 後記

尼可拉斯・布克（Nicholas Booker）

這是我父親最後的著作，但不是最後一本完成的著作。最後一本著作，要歸功於一本可愛的立頓村教堂的觀光指南，我父親最後安息的塔，就在離那不遠之處。他過世前一週，專注對那本小書做最後的修改。在生命的最後，他做的事是給鄰居小孩親手寫感謝信函。孩子們給了我父親「祝早日康復」的卡片，還加了那間教堂的素描。我父親最後一次聽到教堂的午夜鐘聲，是在二〇一九年七月二日。

前一年十一月，一個腫瘤醫師告訴他最多只剩幾個月的生命，也許只有幾週，我父親用極其優雅且務實的態度，面對他人生的大限。快到聖誕假期時，他開始寫一本原本名為《從一個世界到另一個世界》（*From One World To Another*）的回憶錄。他同時也繼續為《私家偵探》寫笑話，一直到二月才停，也堅持為《每日電訊報》繼續寫專欄。

按照我的記憶，他很早以前就說過他想怎麼寫他的回憶錄。他想要寫（並糾正）很多事，他覺得可能會多達兩冊。然而到了二〇一九年初，他了解自己可能力有未逮了，最後可惜只完成了五章，而大部分都是我們家庭史最美好的插曲，以及他在二次世界大戰期間與結束後的童年生活。他最後寫下的內容，是回想踏過什羅普夏鄉間小路採化石，到溫洛克斷崖（Wenlock Edge）找寒武紀的三葉蟲化石與志留紀（Silurian）的海百合（sea lilies），就像達爾文在一個多世紀前也做過的那樣。

回憶錄裡有不少我父親自己的故事，但仍有許多未說的。之所以如此，很大的原因在於——就像熟知他專欄的人知道的——他花了生命最後十年中的許多時間，撰寫比他不幸的人的生命。家庭的重要性與那些失去光明之處，不只是他生命的哲學最關注的，也是他生命的實踐之所在。他對家庭的情感，擴及許多他所愛的親人與同僚，在這個時空延伸交錯、人與人互相連結的宇宙中，他堅信著也實踐著這樣的愛。我父親可能會對他的墓誌銘發笑，但應該不會感到意外。他老早就拿自己的死訊開玩笑了，所以他可能還會來函更正。雖然肯定應該試試對《衛報》寄發更正函，但我個人喜歡《泰晤士報》，他們把我父親人生最客觀的兩件事弄錯了：他的出生地與死亡日期，更不要說他從出生到過世之間發生的許多事。

希臘帕羅斯島（Paros）的阿爾基羅庫斯（Archilochus），將思想家分成兩個群體的故事很有名。那些涉獵甚廣的，歸類為狐狸，而那些專精於一事的，被歸類為刺蝟。人們可能覺得，我父親是狐狸，畢竟他知道也熱心地關切許多事物。他可以將你的電話號碼拆解成幾組歷史事件的日期、克歇爾編號（Köchel numbers）（編按：奧地利音樂學者克歇爾發明的對莫扎特作品的編年、編號系統）或板球分數，然後記著。

他深愛自然，他可以走遍哈代（Hardy）所住的多塞特（Dorset）石灰地形，指出那裡的野花、野鳥與蝴蝶，回憶在他生命各階段那些生物數量的增減趨勢；也知道每年第一次看到這些生物的時間點。他也研究過說故事的心理學，他最卓越的著作《七大基本情節》無疑的是他歷久不衰的作品。他很會寫書，興趣也擴及藝術、建築與音樂，可惜無相關作品。

但我的父親並不是真的狐狸，他只是刺蝟假裝成狐狸。他從小確信有某種單一的宇宙觀可以解釋世上的每件事，而且整個宇宙確實完全符合這樣的理論。他相信，人只要越與內在本我接觸，就越能了解各種偶然與象徵主義的意義網絡。萬事萬物事實上都是同一個「偉大」的各部分。

父親還勉強能看螢幕、使用鍵盤（許多字母鍵很久前已經不見了）時，他決定嘗試繼續寫他的團體迷思相關著作，也就是各位讀者手上拿著的這本。到最後，他原以為可以坐在樓梯上，或坐在書桌前完成，但後來只能費力地用一根指頭敲鍵盤。那要有極強大的決心才持續下去。他相信，這本書可以幫助我們把一些事情看得更透澈。他的視力已經退化一陣子了。他原本用來照亮每晚通往教堂上坡路，以便關上教堂門的手電筒，後來也用於閱讀，即使是大白天也需要。沒有任何事能阻撓他工作、思考、談論或傾聽。

我父親認為這本書值得完成，而且值得這麼拼命，是因為他在序言就說了的，他一了解到詹尼斯的團體迷思理論可以用在遠超過詹尼斯所想的範圍，就知道那「有助於解釋並啟發如此多（他）在（自己）專業生涯中曾經寫作的事物」。在第八章有關達爾文的奇異故事內容，是他最後寫的章節，而且在他最後剩不到幾週的時間，他仍奮力要寫完那一章小結的部分。日復一日，他抓著那章的最後幾頁，要求我一再印出一版又一版。他說，他正努力想著如何加幾頁討論利他主義。

讓人難過的是，他未能完成。我只能猜測那些內容。我想他想表達的是一種對當代主流信念的反駁，即利他行為事實上可以透過終極自利這個動機來解釋。他對於達爾文、漢彌爾頓（Hamilton）、普萊斯（Price）、道金斯（Dawkins）與愛德華・威爾森（E. O. Wilson）這些理論家的論述之膚淺，感到挫折，所有看似無私的行為，無論是為了個人自己或他們的親人，本質都有某種自利心，儘管其解釋是互惠、群體利益或基因的傳衍。

他將以上現象視為團體迷思的另一個例子，且主要由演化生物學者提出並加以推廣。那些學者超出了自己的專業範疇，希望解釋人類的本質層面，但那層面是虛無的還原主義者、唯物主義者無法理解的層面。與那些認為利他主義一定是偽裝的自利主義者相反，我父親認同但丁的思想，他相信人性與宇宙的核心中，「愛讓太陽與諸星轉動」（編按：出自但丁《神曲》中的詩句「L'amor che move il sole e l'altre stelle」）。

本書完成了我父親從三十一歲就開始的寫作思路。在《喜新厭舊者》這本書，他帶我們回顧了一九五〇年代晚期與一九六〇年代初期，那段有如驚險的雲霄飛車體驗。這段旅程的高潮，在名為「史芬克斯謎題」（Riddle of the Sphinx）的最後一章，那章的卷首語是他的指導原則，也成了他的《七大基本情節》與喪禮的主題。那段話來自《伽陀奧義書》（Katha Upanishad），是這麼說的：「見樹不見林，世事盡惘然」（Who sees the variety and not the unity, wanders on from death to death）。

數十年前，他即了解到我們執迷於「幻想著外在事件就是我們與自我奮戰的過程」，其中的自我即我們以自我為中心的方式思考、感覺的能力。然而，不像其他動物，我們可以稍微跳脫自己的本能及每種生命形式都必須生存、繁殖的需求。就是這樣特別的能力，讓我們的人格一分為二（而且將整體錯誤看做是變異），從而限制了我們的視野，區隔了我們自己的自我與他人及整個世界的自我，還有那個能將我們與我們無私本能重新連結起來的、更深層的核心。但如果我們能看得更透徹，就會明白那才是人們之間最深邃的認同。

一直到最後幾年，他才明白他一直遇到的某種現象，也許藉由團體迷思的概念可以更容易理解。那就是：自我主義的需求，會變成群體性的，且充滿某種幻想，並將人類分成群內與群外，進而讓那些認同者產生團體迷思而不可自拔，將他們帶到更遠的地方，遠離了客觀的真實。這個過程也會讓其他原本還算明智的人，對真實也採取一種虛幻的觀點，以那是共識意見為由加以正當化（通常是基於某些人的威望），這回過頭來又會要求他們嘲諷那些不贊同團體迷思共識的人。

五十年後，我父親已經相信團體迷思是種特殊現象，而那是他年輕時就已認識到的：

一種幻想總是會激發另一種幻想，例如左派與右派的幻想會互相激化。社會中某種形式的幻想之增強，也總是伴隨另一種幻想的增強。這顯示出不同的幻想不僅會互相牽引，事實上也來自於共同的根源。但從真實的觀點來看，各種形態的幻想，在功能上也與另外一種可以互相替換。他們表現的外觀形式，只具有外觀上的重要性，就真實的層次來說，解剖某種類型的幻想的結果，也必然適用於其他的幻想。所有的幻想都是一種賭博。最終，所有幻想也都是一種病態或瘋狂。[1]

在他寫作《喜新厭舊者》時，他創造了「nyktomorph」這個字，意思是「夜間的形狀」，用來描述我們可能「持續因為形成中的意象與朦朧不明的可能性而感到興奮」，那時常是團體迷思的目標。如果奧坎（Occam）有剃刀，布克有手電筒，而他持續用它來照亮所有陰暗之處，我們便能更明白我們以為是熊的，是否只是一棵矮樹，或一條繩子是否真的是一條蛇。

不管你是否同意他提出的例子，我們還是能認出周遭的團體迷思。那麼，應該想想布克所相信的「就真實的層次來看，某種形式的幻想，可以適用到各種幻

1 《喜新厭舊者：一九五〇年代與一九六〇年代英國生活的革命》（*The Neophiliacs: The Revolution in English Life in the Fifties and Sixties*），London: Collins，一九六九年，頁三四四～三四五。

想中」，而且「見樹不見林，世事盡惘然」。

我父親時常提起某個越南老人在一九六〇年代晚期深陷地獄般的戰爭時，跟一位《衛報》記者說過的話：

> 人性是一體的。我們每個人都要為自己的行為與對全體人類的行為負責。我們能做的只是讓自己的火把遠離大火。遠離它，不要在烈燄中再添柴火。[2]

本書與我父親其他卓越的著作，讓我們更能仔細觀察一些事，並讓我們能看得更透徹。我父親曾經做過一個夢，是有關自己的死亡。他被帶到一朵巨大的雲上，充滿了愛與光明。他覺得那是歡欣的時刻，使他從一個世界緩緩前往另一個世界。他的墓碑還有待豎立，但已經刻好字了：「要有光」（編按：源自《聖經》創世紀一章三節）。

我想用以下布克在《喜新厭舊者》的一段文字作為結尾，並覺得我的兄弟與我非常幸運且與有榮焉地，能夠稱他為我們的父親：

2 引自《七大故事情節：我們為什麼要說故事》，London: Continuum，二〇〇四年，頁六九五。

事實上，在真實的層次上，所有生命都是一體的。每個人，或動物、植物只是這一體之物小小一部分的暫時軀殼，而它們最深層的本能，不只是要保存自己的物種，而是要保存所有生命的巨大循環。侵犯一部分，就是侵犯全體，而最能顯示過去幾百年來人類自私自利且違背他們天性的，就是人類持續毀滅各種野生生物，從土地、空氣與水汙染的惡化，以及森林、花朵、野鳥、野獸與蝴蝶的毀滅，到所有物種的滅絕。

在人類最深刻的層面，他會感受到與宇宙當下的萬物融為一體，最珍貴而觸摸不到的事，其實就在他心裡，而他也以此形塑剎那的個體。對永生的想望，在幻想的層次上常常只是自我中心式地想要個人的不朽或輪迴轉世，而事實上，永生應該是想望將生命的恩賜傳遞給未來的世代，是為再次融合成一體的和平，這樣的一體，超越山川異域等為時所限的物質世界。無始無終，才是真正的永恆。[3]

二〇二〇年一月

3 《喜新厭舊者》，頁三六二。

# 翻譯對照表

二〇〇六年平權法（性傾向規則）｜2006 Equality Act (Sexual Orientation Regulations)

二〇一〇年平權法｜2010 Equality Act

即興夜總會｜Ad Lib

收養法｜Adoption Act

積極平權行動｜affirmative action

緊縮政策｜age of austerity

蓋達組織｜al-Qaeda

美國南北戰爭｜American Civil War

氨基酸｜amino-acids

阿米巴原蟲｜amoeba

憤青｜Angry Young Men

阿尼瑪｜anima

阿尼姆斯｜animus

亞里士多德教派正統教義｜Aristotelian orthodoxy

有節生物｜Articulate Class

豬玀灣｜Bay of Pigs

英國廣播公司｜BBC

披頭四狂熱｜Beatlemania

披頭四｜Beatles

柏林圍牆｜Berlin Wall
樺尺蠖｜Biston betularia
黑豹黨｜Black Panther
黑人警察協會｜Black Police Association
布爾什維克黨｜Bolsheviks
邊境檢查站｜Border Inspection Posts
節禮日｜Boxing Day
英國脫歐｜Brexit
布倫特蘭委員會｜Brundtland Commission
白金漢宮｜Buckingham Palace
聯邦參議院｜Bundesrat
卡利班｜Caliban
寒武紀｜Cambrian
寒武紀生命大爆發｜Cambrian Explosion
核武裁減行動組織｜Campaign of Nuclear Disarmament，CND
人均公司｜Capita
洞穴俱樂部｜Cavern Club
氟氯化碳｜CFCs
第四頻道新聞｜Channel 4 News
底比斯年長者合唱｜Chorus of Theban Elders
基督徒團契｜Christian Union
氣候門｜Climategate
國際食品法典委員會｜Codex Alimentarius

百人委員會｜Committee of 100
公共安全委員會｜Committee of Public Safety
多元與平權委員會｜Committee on Diversity and Equity
下議院女性與平權委員會｜Commons Women and Equalities Committee
大英國協｜Commonwealth
聯盟國｜Confederates
歐洲憲法｜Constitution for Europe
歐洲理事會｜Council of Europe
創造論者｜Creationists
創造演化論者｜Creative Evolutionists
思想犯罪｜crimethink
皇家檢察署｜Crown Prosecution Service
氣候研究小組｜CRU
關稅同盟｜Customs Union
達爾文主義者｜Darwinians
民主赤字｜democratic deficit
去氧核醣核酸｜DNA
二手思維｜doublethink
鑽頭影片｜drill videos
傳動軸｜driveshaft
地球高峰會｜Earth Summit
聖嬰現象｜El Niño
英國革命｜English revolution

平等機會委員會｜Equal Opportunities Commission

歐洲日｜Europe Day

歐洲執委會｜European Commission

歐洲經濟區｜European Economic Area, EEA

歐洲自由貿易聯盟｜European Free Trade Association, EFTA

歐洲研究小組｜European Research Group

歐洲聯盟｜European Union

歐洲一體化懷疑論｜Euroscepticism

臉書｜Facebook

二月革命｜February revolution

聯邦民主共和國｜Federal Democratic Republic, FDR

魚及魚產品委員會｜Fish and Fisheries Product Committee

鞭毛馬達｜flagellar motor

基要派｜fundamentalists

加拉巴哥雀｜Galapagos finches

同志解放陣線｜Gay Liberation Front

男同性戀警察協會｜Gay Police Association

老布希｜George H. W. Bush

小布希｜George W. Bush

蓋世太保｜Gestapo

吉倫特黨｜Girondins

全球暖化政策基金會｜Global Warming Policy Foundation

戈達德太空研究所｜Goddard Institute for Space Studies, GISS

金球獎｜Golden Globes

大軍團｜Grande Armée

大恐怖時期｜Great Terror

火車大劫案｜Great Train Robbery

小團體｜groupuscules

哈德利研究中心｜Hadley Research Centre，HadCRUt

哈姆雷特｜Hamlet

仇恨犯罪防制法｜Hate Crimes Prevention Act

英格蘭歷史遺產委員會｜Historic England

猶太人大屠殺｜Holocaust

聖餐禮｜Holy Communion

聖地｜Holy Land

智人｜Homo sapiens

人權法｜Human Rights Act

人性尺度｜human-scale

工業革命｜Industrial Revolution

群內｜in-group

智慧設計｜intelligent design

國際貨幣組織｜International Monetary Fund

國際魯爾管理機構｜International Ruhr Authority

不可化約的複雜性｜Irreducible Complexity

獨立電視台｜ITV

雅各賓黨｜Jacobins

聖誕鈴聲｜Jingle Bells

卡夫卡式的荒謬｜Kafhaesque

克魯斯特波爾三角洲通關站｜Kloosterboer Delta Terminal

克歇爾編號｜Köchel numbers

拉馬克主義｜Lamarckism

蘭開夏郡國民健保署照護基金信託｜Lancashire Care NHS Foundation Trust

法律與自由基金會｜Law and Freedom Foundation

嫌疑犯法令｜Law of Suspects

李－恩福德四號來福槍｜Lee Enfield No. 4 rifles

女同性戀、男同性戀、雙性戀社區中心｜Lesbian, Gay and Bisexual Community Center

平等派｜Levellers

萊維圖斯｜Levitus

自由黨｜Liberals

自由意志主義學會｜Libertarian Society

通用語言｜lingua franca

小冰河期｜Little Ice Age

馬歇爾計畫｜Marshall Plan

中世紀溫暖期｜Medieval Warm Period

地方政府和區域發展部｜Ministry of Local Government and Regional Development

蒙特卡洛遊戲｜Monte Carlo game

謀智公司｜Mozilla

美國航太總署｜NASA
國民議會｜National Assembly
國民公會｜National Convention
全國穆斯林警察協會｜National Muslim Police Association
全國跨性別警察協會｜National Trans Police Association
新達爾文主義者｜neo-Darwinians
網飛｜Netflix
新英格蘭｜New England
新左派｜New Left
新烏托邦｜New Unreality
內務人民委員部｜NKVD
聖母院大教堂｜Notre Dame Cathedral
勿人云亦句｜Nullius in verba
十月革命｜October Revolution
歐洲經濟合作組織｜OEEC
英國教育、兒童服務及技能局｜Ofsted
石油輸出國組織｜OPEC
反對主義者｜Oppositionists
群外｜out-group
無宗教警察協會｜Pagan Police Association
巴黎公社｜Paris Commune
國會黨｜Parliamentarians
斑點蛾｜peppered moth

門｜phyla

普羅富莫事件｜Profumo Affair

先知穆罕默德｜Prophet Mohammed

護國官｜Protector

清教徒｜Puritans

種族關係法｜Race Relations Act

種族平等委員會｜Racial Equality Commission

恐怖統治｜Reign of Terror

文藝復興｜Renaissance

再生性能源｜renewables

革命法庭｜Revolutionary Tribunal

史芬克斯謎題｜Riddle of the Sphinx

轉子｜rotor

保皇派｜Royalists

殘缺議會｜Rump

舒曼計畫｜Schuman Plan

海百合｜sea lilies

第二波女性主義｜Second-Wave Feminism

志留紀｜Silurian

六日創造論｜Six-Day Creationists

南海泡沫｜South Sea Bubble

南方浸信會｜Southern Baptists

演說者之角｜Speakers' Corner

石牆酒吧｜Stonewall Inn

蘇伊士運河危機｜Suez Crisis

麥克超人｜Supermac

搖擺六〇年代｜Swinging Sixties

瑞士近衛隊｜Swiss Guards

雪梨港灣大橋｜Sydney Harbour Bridge

目的論｜teleology

目的導向論｜teleonomy

特易購｜Tesco

十字軍東征｜the Crusades

無產階級專政｜the Dictatorship of the Proletariat

平等薪酬法｜The Equal Pay Act

建制派｜the Establishment

偉大愛國戰爭｜the Great Patriotic War

火車大劫案｜the Great Train Robbery

聖殿騎士團｜the Knights Templar

性別歧視法｜The Sex Discrimination Act

六國集團｜the Six

跨性別學生教育資源｜Trans Student Education Resources

排斥跨性別的激進女性主義者｜Trans-Exclusionary Radical Feminists

生命之樹｜tree of life

三葉蟲｜trilobites

推特｜Twitter

U艇｜U-boat

英國氣象局｜UK Met Office

超新教民主聯盟黨｜ultra-Protestant Democratic Unionist Party

聯合國環境規劃署｜UN Environment Program, UNEP

聯合國政府間氣候變遷專門委員會｜UN Intergovernmental Panel on Climate Change, IPCC

非美活動調查委員會｜Un-American Activities Committee

聯合國氣候變遷綱要公約｜UNFCCC

蘇維埃社會主義共和國聯邦｜Union of Soviet Socialist Republics

美利堅合眾國｜United States of America

次等人類｜Untermenschen

美國公民自由聯盟｜US Civil Liberties Union

水門案醜聞｜Watergate scandal

世界經濟論壇｜World Economic Forum

世界氣象組織｜World Meteorological Organisation, WMO

世界貿易組織｜WTO

仇外心理｜xenophobe

國家圖書館出版品預行編目資料

團體迷思：群眾的盲目、自欺與暴力是如何形成的？/ 克里斯多福．布克（Christopher Booker）著；高忠義 譯. -- 初版. -- 臺北市：商周出版：城邦文化事業股份有限公司出版：英屬蓋曼群島商家庭傳媒股份有限公司城邦分公司發行, 民110.01
面： 公分
譯自：Groupthink : a study in self delusion
ISBN 978-986-477-964-2（平裝）
1. 集體行爲　2. 集體共識
541.78　　109019022

# 團體迷思：
## 群眾的盲目、自欺與暴力是如何形成的？

原著書名 / Groupthink : a study in self delusion
作者 / 克里斯多福．布克（Christopher Booker）
譯者 / 高忠義
企畫選書 / 劉俊甫
責任編輯 / 劉俊甫

版權 / 黃淑敏、劉鎔慈
行銷業務 / 周佑潔、周丹蘋、黃崇華
總編輯 / 楊如玉
總經理 / 彭之琬
事業群總經理 / 黃淑貞
發行人 / 何飛鵬
法律顧問 / 元禾法律事務所　王子文律師
出版 / 商周出版
臺北市中山區民生東路二段141號9樓
電話：(02) 2500-7008 傳眞：(02) 2500-7759
E-mail：bwp.service@cite.com.tw
發行 / 英屬蓋曼群島商家庭傳媒股份有限公司城邦分公司
臺北市中山區民生東路二段141號2樓
書虫客服服務專線：(02) 2500-7718．(02) 2500-7719
24小時傳眞服務：(02) 2500-1990．(02) 2500-1991
服務時間：週一至週五09:30-12:00．13:30-17:00
郵撥帳號：19863813　戶名：書虫股份有限公司
讀者服務信箱E-mail：service@readingclub.com.tw
歡迎光臨城邦讀書花園 網址：www.cite.com.tw
香港發行所 / 城邦（香港）出版集團有限公司
香港灣仔駱克道193號東超商業中心1樓
電話：(852) 2508-6231　傳眞：(852) 2578-9337
E-mail：hkcite@biznetvigator.com
馬新發行所 / 城邦(馬新)出版集團 Cité (M) Sdn. Bhd.
41, Jalan Radin Anum, Bandar Baru Sri Petaling,
57000 Kuala Lumpur, Malaysia
電話：(603) 9057-8822　傳眞：(603) 9057-6622
E-mail：cite@cite.com.my

封面設計 / FE設計葉馥儀
排版 / 新鑫電腦排版工作室
印刷 / 高典印刷有限公司
經銷商 / 聯合發行股份有限公司
電話：(02) 2917-8022　傳眞：(02) 2911-0053
地址：新北市231新店區寶橋路235巷6弄6號2樓

■2021年（民110）1月5日初版
**定價 420元**

Printed in Taiwan
城邦讀書花園
www.cite.com.tw


ISBN　978-986-477-964-2

商周出版

| 廣 告 回 函 |
|---|
| 北區郵政管理登記證 |
| 台北廣字第000791號 |
| 郵資已付，免貼郵票 |

104台北市民生東路二段141號2樓

**英屬蓋曼群島商家庭傳媒股份有限公司　城邦分公司**

請沿虛線對摺，謝謝！

商周出版

| | | |
|---|---|---|
| **書號：**BK5174 | **書名：**團體迷思 | **編碼：** |

請於此處用膠水黏貼

商周出版

# 讀者回函卡

感謝您購買我們出版的書籍！請費心填寫此回函卡，我們將不定期寄上城邦集團最新的出版訊息。

不定期好禮相贈！
立即加入：商周出版
Facebook 粉絲團

姓名：＿＿＿＿＿＿＿＿＿＿＿＿＿＿＿＿ 性別：□男 □女

生日：西元＿＿＿＿＿＿年＿＿＿＿＿＿月＿＿＿＿＿＿日

地址：＿＿＿＿＿＿＿＿＿＿＿＿＿＿＿＿＿＿＿＿＿＿

聯絡電話：＿＿＿＿＿＿＿＿＿＿ 傳真：＿＿＿＿＿＿＿＿＿＿

E-mail ：

學歷：□ 1. 小學 □ 2. 國中 □ 3. 高中 □ 4. 大學 □ 5. 研究所以上

職業：□ 1. 學生 □ 2. 軍公教 □ 3. 服務 □ 4. 金融 □ 5. 製造 □ 6. 資訊

□ 7. 傳播 □ 8. 自由業 □ 9. 農漁牧 □ 10. 家管 □ 11. 退休

□ 12. 其他＿＿＿＿＿＿＿＿＿＿＿＿＿＿＿＿＿＿

您從何種方式得知本書消息？

□ 1. 書店 □ 2. 網路 □ 3. 報紙 □ 4. 雜誌 □ 5. 廣播 □ 6. 電視

□ 7. 親友推薦 □ 8. 其他＿＿＿＿＿＿＿＿＿＿＿＿＿＿

您通常以何種方式購書？

□ 1. 書店 □ 2. 網路 □ 3. 傳真訂購 □ 4. 郵局劃撥 □ 5. 其他＿＿＿＿

您喜歡閱讀那些類別的書籍？

□ 1. 財經商業 □ 2. 自然科學 □ 3. 歷史 □ 4. 法律 □ 5. 文學

□ 6. 休閒旅遊 □ 7. 小說 □ 8. 人物傳記 □ 9. 生活、勵志 □ 10. 其他

對我們的建議：＿＿＿＿＿＿＿＿＿＿＿＿＿＿＿＿＿＿＿＿

＿＿＿＿＿＿＿＿＿＿＿＿＿＿＿＿＿＿＿＿

＿＿＿＿＿＿＿＿＿＿＿＿＿＿＿＿＿＿＿＿

【為提供訂購、行銷、客戶管理或其他合於營業登記項目或章程所定業務之目的，城邦出版人集團（即英屬蓋曼群島商家庭傳媒（股）公司城邦分公司、城邦文化事業（股）公司），於本集團之營運期間及地區內，將以電郵、傳真、電話、簡訊、郵寄或其他公告方式利用您提供之資料（資料類別：C001、C002、C003、C011 等）。利用對象除本集團外，亦可能包括相關服務的協力機構。如您有依個資法第三條或其他需服務之處，得致電本公司客服中心電話 02-25007718 請求協助。相關資料如為非必要項目，不提供亦不影響您的權益。】

1.C001 辨識個人者：如消費者之姓名、地址、電話、電子郵件等資訊。
2.C002 辨識財務者：如信用卡或轉帳帳戶資訊。
3.C003 政府資料中之辨識者：如身分證字號或護照號碼（外國人）。
4.C011 個人描述：如性別、國籍、出生年月日。

請於此處用膠水黏貼